U0071764

原書名：名片風水學

命理老師教你自己動手做

開運名片

謝國華 ◎著

亮出名片，亮出你的命運底牌！

「姓名學」已經成為「東方命運學」的最通行算命術，儼然成為東方命運學的「顯學」，就像儒家成為東方文化的「顯學」。

當日本人在十九世紀首創「姓名學」時，只有極少數人能夠擁有名片，因此，那時只要有名片的人，就被公認為「有身份有地位有財富」的名人，但是到了二十一世紀的今日Ｅ世代，不僅每位生意人都有名片，甚至不同場合有不同風格的名片，當一種現象成為普世必然常態時，自然就孕育了「吉凶禍福」的因緣輪迴。例如普世之人都有出生誕辰，因而有了「生辰八字」的先天命運學；例如普世之人都有名有姓，因而有了「姓名」的後天命運學。

雖然並非每人都有名片，但是，普天下的每位生意人都必然有名片，因此，名片也就自然蘊含了生意人的命運因緣，要作生意，就一定要有名片；一旦有了名片，就一定要了解名片的內涵命理因緣，這就是名片命理學。「人身」居於陽宅裡，因而有了陽宅風水術；而「人名」居於名片裡，也因而有了名片風水術，「姓名」要擺放在名片的什麼位置，才能吉利招財，當然是每位生意人都非常在意的命理運氣。本書作者謝國華老師就是要教導你如何認識名片命理！讓「名片」為你創造「有名有利有地位」的

新天地！

　　雖然本書已經盡量以最淺顯易懂的方式來教導名片命理，但是缺少命理常識的讀者，可能還是無法一時就馬上完全學會，因此，本書後頭「附錄篇」特別提供了一種快速簡易的方法，讓你在拿到對方名片時，就能馬上斷定他的人格特質，就能馬上斷定他是否就是你的最佳搭檔合夥人，就能馬上斷定他有無欺詐你的意圖……總之，當對方亮出名片時，就是亮出他的命運底牌，你只要按照本書「附錄篇」的鑑定規則，就能知己知彼百戰百勝，輕鬆成為多金快樂享受派！

　　每人都有姓名，因而孕育了「姓名命理學」；每位生意人都有名片，因而孕育了「名片命理學」，如果將「姓名命理」當作一般人的命運指引。那·，「名片命理」就是生意人所特有的命運指引，人海茫然，固然不可缺少命運指引；而商海滄然，更不能缺少命運指引！「姓名命理書籍多如牛毛，而名片命理書籍卻少如麟爪，即使少數幾本名片命理書籍，也是理論太深的羅盤圓形名片，並非實用有效的易經方形名片」，而謝老師出版的這本名片命理書籍，目的在於「讓生意人藉由名片來達到知己知彼百戰百勝的致富之道，輕鬆成為多金快樂享受派」，是一本相當實用的好書。

李錫東

名片、符咒、廣告學

　　名片通常被認為是「人與人」之間的有形溝通方式，而符咒通常被認為是「人與鬼神」之間的無形溝通方式，實際上，當人們在交換名片時，固然是簡單形式的自我介紹和人際關係，但卻很自然產生無形印象和無形感覺，「印象和感覺」雖然是無形的，但卻必然存在，並且深受影響，這就是廣義的「神明旨意」，一張壞名片，總是給人不良印象，也就招致凶煞災難，這就是「厄運名片」。幸運名片就是神佛聖旨傳福音，而厄運名片就是世俗所謂「鬼畫符」，惡鬼纏身招災難，因此，名片在表面上是「人與人」之間的人際關係，卻實際蘊藏著「人與鬼神」之間的潛在影響！就實質意義而言，名片就是符咒，是人際關係的起點，也是幸運、厄運的分界線！

　　符令、符咒很自然被理解為人與鬼神之間的溝通方式，一般人常將符令、符咒混為一談，其實也是有道理的，因為符令、符咒都是道教信物。道教和佛教都是將人與鬼神融合在一起，不像儒家的「敬鬼神而遠之」。道教和佛教雖然主張人與鬼神融合一體，但佛教偏重於「念經、心語、密語」的語言方式，佛教總是喜歡用「語言」

來達到人與鬼神之間的溝通；而道教則是偏重於「文字圖案」的溝通方式，我們時常聽到的「鬼畫符」，就是針對道教而言，道教總是喜歡用文字圖案、圖騰來表達人與鬼神的同在。就實用意義而言，符令還是比「佛教念經」更一勞永逸，也比基督教的「禱告」更立竿見影有時效。一般人只要將符令貼在家門口，就能鎮宅保平安，總是比佛教念經、基督禱告更實用，可見道教是偏重於文字圖案、圖騰，而道士口中念念有詞的「咒語」則是輔助而已，聊備一格做樣子。因此，世人就把符咒簡稱為符令，就是表明符咒、符令的主體為文字圖案，而不是聲音語言的「念經禱告」。

　　道教的符咒、符令，雖然被世人直接認定為是「人與鬼神」的交流信物，但卻更具體表現在「人與道士」之間的交流。因為符咒符令是「鬼神、道士、凡人」的三者合一，道士居於其中接任中間人、伸介者、傳導者，因此，符咒、符令固然要神明能懂、能理解神通，但也要世人能理解、體會，才能心領神會有感應。因此，符咒、符令的文字圖案也是「凡人與道士」人際關係的自我介紹，這就是名片的直覺作用了，符咒、符令總是要使凡人信徒也能略知一二，才會有所覺悟入道，但也必須蘊涵神秘神明色彩，也不能太直截了當無神韻，因此，「似文非文，似圖

非圖」也就成為符令、符咒的整體印象了，「鬼畫符」的稱號也就不是浪得虛名了。這些似文非文的符令文字，其實就是當時《東漢時期》的篆體文字，道教符令、符咒始於東漢，當時已有篆文，篆文當然不是當時最通行的文字檔案，篆文只是當時的一種特殊字體，並非大多數人所能書寫，就像是現代人的「藝術字」一樣，並非人人都能寫得出，但卻能看得出、猜得出。在篆體文之前的甲骨文，也就更難被理解了，不要說是一般人，就連當時（東漢）道士也不懂甲骨文，也就無法以甲骨文來作為符令、符咒的主體文字，倘若，當時道士懂得甲骨文，而一般人也能猜得出甲骨文，那麼，甲骨文將取代篆文，成為當時符咒、符令的主體文。因為，神秘色彩總是宗教最美麗的外衣，宗教講究神秘重儀式，就像明星、偉人都講究形象，重名聲。甲骨文雖然比篆文更神秘，但是太過艱澀難懂，也就無法取代篆文成為符咒主體，因此，我們今日面對符咒、符令時，實在不應該緊咬篆文不放，因為篆文對 E 世代人類，實在太艱澀難懂，倘若今日倡導符咒、符令者仍然緊抓篆文不放，不知與時俱進順應潮流，勢必失去群眾基礎失民心，無法推展，深陷食古不化死胡同，符咒、符令之所以能夠興盛於東漢，其主因固然在於當時的亂世背景，但也在於當時道士採用「似懂非懂」的篆文，而不是「完全不懂」的甲骨文。因此，今日推展符咒、符令的有

志之士，也應該要採用今日世人「似懂非懂」的藝術字，而非今日世人完全不懂的篆體字。其實，現今廣告學的形象設計 CIS，在設計商標 LOGO 時，也總是以「似懂非懂」的圖案藝術字來表達其內涵意義，就「溝通學」的意義而言，就廣告設計者而言，名片就像是符咒、符令一樣，可以被用來強烈散發印象感官，因而激發內在潛能的磁場動力，感知機遇得幸運，這就是幸運名片，有如符咒、符令的調動神兵、神將得天助。

要製作完成一張好的「幸運名片」，固然要懂得吉利方位和先天八字的神秘玄學，也要懂得美術編輯排版的藝術美學。因此，算命業者為人製作幸運名片時，固然擁有神秘玄學的優勢，但卻往往缺乏藝術美學的修養；反之，擁有藝術美學修養的廣告業者在為人製作幸運名片時，卻又往往欠缺神秘玄學的功夫。因此，本書在內容安排上，除了論及先天八字和吉利方位的神秘玄學（以便作為廣告業者在神秘玄學的入門引導），也同時兼顧美術排版的表格化、簡單化，以便算命業者即使不懂美術排版，也能依樣畫葫蘆照表製作，因此，本書在編寫時，時常會重複一些表格和用語，就是為了要使「不懂美術排版」的算命業者能夠輕鬆按照本書表格來製作幸運名片；同樣地，即使不懂神秘玄學的廣告業者，也能按照本書表格來製作幸運

名片，因此，本書不只適合算命業者，也適合廣告業者，更進一步地說，應該是適合每一位想要學習「幸運名片」的人，只要肯學，有為者，亦若是！

　　姓名學被公認為後天命運的主宰，因此，世人常以「改名」來開運改運，但改名也有其不便之處，例如新名不易被人所習慣（因此，徒有新名而鮮為人知，也就缺少人氣而失其靈氣），又加上「立不改名、坐不改姓」本性自我的不可輕易改名，因此，這次謝國華著作這本「名片風水學」書籍，就是要教導世人在「不改名」的前提下，如何能夠籍由名片來開運改運

　　　　　　易經神算《創始人》謝三河 2007 年元月 8 日

　　植物園南苑別墅 021-64778912，q6q101@yahoo.com.tw

「方與圓」，名片是方形，羅盤是圓形

迄今為止的名片開運術，各家各派都淵源於中國易經風水的吉利方位，而羅盤又是地理風水師的必備工具。因此，在探討開運名片時，必須先正視羅盤的內涵，才是正本清源之道！

顧名思義，羅盤就是一個「羅」列著眾多風水術的圓「盤」，不同於指南針的純粹定方位，羅盤雖然密密麻麻羅列著天干、地支、易經卦理的各種符號文字，但其最重要根本的元素就是「山盤」，簡稱為「二十四山」，就是把圓盤（360度）分成二十四等份，每一等份的角度為十五度（360度÷24為15度），今日許多人都誤把羅盤當作一個純空間方位的工具，其實是太小看羅盤了，羅盤不只包括空間方位（天干），也包括時間時辰（地支）和人間道理（易經八卦）的三位一體，因此，羅盤的二十四座山分別為時間的十二地支（子、丑、寅、卯、辰、巳、午、未、申、酉、戌、亥）、空間的八天干（甲、乙、丙、丁、庚、辛、壬、癸）和易經四正卦（坎、離、震、兌），茲表列如下：

+	12 地支（子、丑、寅、卯、辰、巳、午、未、申、酉、戌、亥） 8 天干（甲、乙、丙、丁、庚、辛、壬、癸） 4 正卦（坎離震兌）
	24 山盤（子癸丑艮寅甲卯乙辰巽巳丙午丁未坤申庚酉辛戌乾亥壬）

　　因此，羅盤包括天盤、地盤和人盤，用以表示時間時辰的 12 地支為天盤，用以表示空間方位的 8 天干為地盤，用以表示人間道理的 4 正卦為人盤

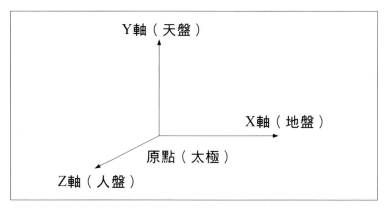

　　包括空間、時間和人間的羅盤，當然不同於純粹空間的指南針，指南針只是南北一條線，羅盤卻是 X 軸（地盤）、Y 軸（天盤）和 Z 軸（人盤）的三度時空背景，不但不只是一條直線，也不只是一個平面，而是一個渾然滾動的圓球體，就像是地球儀一樣的圓體，早期的地球世界

也是以平面（X軸和Y軸所形成的二度空間）的形象來表示，後來才逐漸發展成為立體圓形（X軸、Y軸和Z軸所形成的三度空間）的具體表示，雖然中國羅盤目前仍然停留在二度空間的圓盤平面方式，但已有不少有志之士正著手於羅盤的「立體圓體化」，就像世界地圖由平面轉化為地球儀的立體球體化，那時，羅盤或許就要被稱作「羅體」了，從此，密密麻麻的羅盤，將被簡明扼要的羅體所取代，成為E世代風水地理師最新、最實用的有效工具，就像中國算盤被電腦所取代一樣，只是羅體至今仍未公諸於世。因此，還是讓我們回歸現實面對羅盤的最基本元素24山，茲圖示如下：

卦數	卦名	方位	山盤
1	乾	西北	戌・乾・亥
2	兌	西	庚・酉・辛
3	離	南	丙・午・丁
4	震	東	甲・卯・乙
5	巽	東南	辰・巽・巳
6	坎	北	子・癸・壬
7	艮	東北	丑・艮・寅
8	坤	西南	未・坤・申

由於本書重點並不在詳述羅盤，因此，對於羅盤的介紹只能進行到此，而以上面表格作為總結，並且為了本書

主題「開運名片」的需要，就以下面一句話來作為結論：

「羅盤、太極是圓形」

由於羅盤企圖完整表述「天地人」三合一的三度空間，因此，就只能以《放射狀》的極座標（Polarity Axis）來展示其《放之四海皆準》的圓滿性質，極座標就是圓形球體，不同於矩陣（MATRIX）座標的方形（矩形），不論是極座標或矩座標，其中心點都稱之為「零（0）」，易經玄學則是稱為太極，這也就是道家所謂的「無」，也是佛家所謂的「空」，我們時常聽到《太極生兩儀》，其中的兩儀，就是近代科學的 X 軸和 Y 軸。X 軸和 Y 軸就組合成四象，故易經十翼說「兩儀生四象」，茲圖示如下：

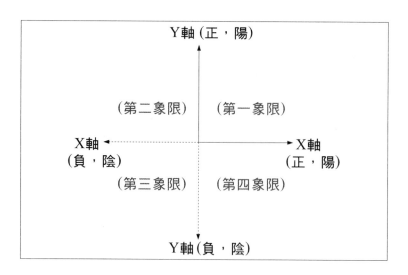

易經十翼在「兩儀生四象」之後，就直接挑明為「四象生八卦」，其實只是說出其然的事實，並未說出其所以然的道理，真正說出其所以然緣由道理者，就是老子所說的「道生一，一生二，二生三，三出萬物」，老子所謂的「道」就是無極的「無」與無極的「極」，「無」代表無，代表空，也代表陰；「極」代表有，代表實，也代表陽。所以老子認為「一陰一陽，謂之道」。但是「道」是無形的，是沒有生產力的，即使「無極」被世俗實用化為「太極」之後，仍然不易為世人所理解、所應用，仍然不具有實質意義的生產活力，因此，淮南子才說「道生於一，一而不生」，此處所謂的「一」就是無極、太極、道、純、正…等的單一個體，若以世俗眼光來論事實，那就是「世間絕對存在的，唯一存在的，都是不和諧不永續發展」，更明白地說，就是「專制必敗，一黨專治必亡」以及「絕對的權利，就會造成絕對的腐敗」，我們時常聽說西洋政治的兩黨多黨政治，其實就是我們中國老祖宗「道生於一，一而不出」的政治智慧，既然「一而不生」，因此積極向上的老子才說「道生一，一生二，二生三，三生萬物」。老子此處所謂的「一」就是近代科學座標的原點（零點），「二」就是 X 軸、Y 軸，「三」就是

X 軸、Y 軸和 Z 軸的三度時空背景。

　　近代科學以 X 軸、Y 軸和 Z 軸的三度空間來表示中國古代天、地、人的三合一，而中國影響力最大的兩位聖賢就是孔子和老子了，他們兩人對於宇宙人生觀的來龍去脈是異曲同工的，老子說「三生萬物」，著重於萬物的內在起源，而孔子所代表的易經十翼說「四象生八卦，八卦以通神明之德，以類萬物之情」，此處的「以類萬物之情」，就是說「以八卦來比喻萬物的存在情況」，因此，我們可以小作結論為「老子重理論重內在起源；孔子重實際、重外在現象」，由於一般世人對於「理論、起源」總是沒有太多耐心、細心，以致孔子所著重的「現實、現況」才普遍為絕大多數中國人所接受，形成了「學術研究者偏愛老莊學說」的有趣現象，孔孟所代表的儒家之所以普遍為世俗凡人所接受，除了實際、實惠之外，也非常重視天人之間的和諧相處，並不像墨子墨學的純粹唯物沒有神明，墨子企圖以豪情萬丈理想的俠士豪客來滿足人們內心的盼望，但豪氣干雲的俠客遊俠，畢竟抵不過神通廣大神明的吸引力，因此，墨子墨學也和老莊道學一樣敵不過孔孟儒學，有些讀者或許會疑惑於本書為何會論及儒、道、墨三家學說，這些論述會和「開運名片」有何關聯呢？其實是有密切關聯的，但因本書序言篇幅有限，只能

小作結論：

　　老莊道學的理想中心為無極、太極、道，為圓形的形象；墨子墨學的思想中心為豪傑俠客的唯物現實，為方形的形象；而孔孟儒學的思想中心為易經八卦的天人合一，為圓形、方形的方圓形象，故易經十翼說「八卦以通神明之德，以類萬物之情」，此處所謂的「以通神明之德」，就是意指天人之間的溝通橋梁，因此，易經把原本為圓形的太極「轉化」為方形方塊的八卦，如此，人們就更能理解了。

　　由以上結論可知，易經十翼已經很具體地將太極的圓形圖騰轉化為實用的方形圖騰，如此，世人就更能理解易經太極之道了，因此，許多實用的玄學之術才能應運而生，例如源於易經的風水術，也是以方形圖騰的「四獸、八宅、九星」來作為風水術的主流、主軸，所謂四獸，固然美名為「青龍、白虎、朱雀、玄武」，其實就是「左、右、前、後」的方形方位；「八宅」雖然美名為「八宅明鏡」，其實就是「東、西、南、北、東南、東北、西南、西北」八個方位；而「九星」雖然美名為九宮飛星，其實就是「東、西、南、北、中、東南、東北、西南、西北」的九個方位。

由以上一段對於風水術的論述，可知風水術的必備工具雖然為圓形羅盤，但藉由易經八卦的轉化功能，風水術也實用化為方形的「四獸、八宅、九星」。眾所周知，現今開運名片術都源於風水術的吉利方位，因此，開運名片術就必然是方形內涵了，因此，名片也必然和地理風水一樣的方形化，不能像羅盤一樣的圓形化。所謂圓形化，就是意指「以角度θ為劃分法」，就像羅盤以角度θ劃分為24等分，每一等份為15度；所謂方形化，就是意指「以長度 L 為劃份法」，就像一塊平面劃分為八塊，以長度（例如公尺）為單位，不以角度為單位。名片既然出自於《方形圖騰》的風水術，那就必然是實用的方形圖騰了，如此，才符合易經八卦所謂的「以通神明之德、以類萬物之情」，反觀現今有些名片開運術卻「反其道」以圓形角度θ來定位吉利方位，如下圖所示：

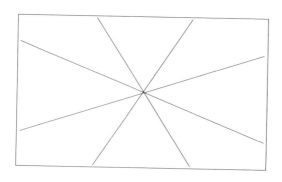

　　以角度θ來劃分名片的吉利方位，雖然更近於羅盤，更近於太極的源頭，但卻流為玄虛理論難定位，因此，或許必須返其道，重新回到地理風水術的「方形」圖騰，如下圖表示：

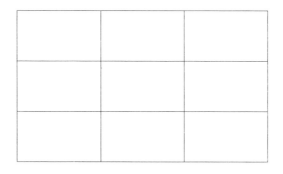

　　依照上圖的矩形定位法，將名片的長和寬，各分為 3 等份，符合老子「道生於一，一生二，二生三，三生萬物」的一脈相承，三等分之後，所形成的九個方塊，符合九星和八宅中宮的風水術，如此，就能使「名片開運術」和「地理風水術」密切結合在一體，也才能使名片開運術更普及實惠於凡人眾生，就像地理風水術一樣地普及深入人心！人身居於屋宅中，故有陽宅風水術；人死葬於天地間，故有陰宅風水術，人名居於名片中，當然也必有名片開運術！

（方與圓）名片是方形，羅盤是圓形

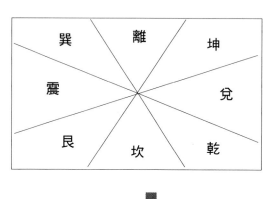

（傳統式）

（現代式）

橫式名片

（傳統式）

巽	離	坤
震		兌
艮	坎	乾

（現代式）

直式名片

　　有些已經研讀過「圓形角度」名片開運術的讀者，或許會懷疑過去所學為錯誤，其實，絕非如此，因為本書只不過是將「圓形」轉化為「方形」而已，過去那些「圓形角度」名片開運術，其實比本書更具有羅盤太極的玄學奧妙，因此，已經研究學習「圓形角度」名片開運術的讀者，正好可以應用其所學的「玄學奧妙」，再輔以本書的「顯學實用」，如此，就更能學以致用！共同為推廣開運名片而努力，也共同為「平面羅盤轉化為球形羅體」而努力，本人也將以本書版費之全部所得，資助那些「羅盤球體化」的有志之士！

　　本書作者謝國華，臺北泰景陽工作室 2007 年元月份

目 錄

1

「幸運名片、卡片」的開運命理

「人身」居於住宅之內，因而有「風水學」，「人名」居於名片之內，因而有「名片風水學」，俗語常說功成名就，也常說身敗名裂，可見人名的重要性，因此，在講究風水命運時，固然要重視人身所居住宅的「住宅風水」，也要兼顧人名所居的「名片風水」，才能功成名就，不至於身敗名裂，本章節就是在探討名片風水的命理，因為本章節闡述的命理是以中國易經為根據，因此，稱為「易經命理的開運名片」。

一、億萬衆生，八種命格！

　　中國易經之所以傳承數千年而益發博大精深，就是因為具有非常嚴謹的「歸納演繹」科學性，就連今日E世代所賴以生存的電腦也是易經陰陽體系所衍生的「0與1」數字概念！易經所謂的「陰」，就是今日電腦所謂的「0」，易經所謂的「陽」，就是今日電腦所謂的「1」，0與1不斷地重覆組合，就是電腦科學的運算基礎，易經的陰陽不斷變化，也就產生人生百態億萬人，這就是科學演繹法；反之，億萬人生也可歸納為64種類型，這就是易經的歸納科學，浮生雖是百態億萬種，但可歸納為64種類型，這就是「易經人生64命」，八仙過海的故事固然是神佛故事，但也隱喻凡人百態，就像是八仙各有不同！

　　凡人依據出生落地時的先天八字，其命運就已基本形成初步雛形，你出生在東方父母的家庭，就不大可能是白種人，你出生在貧困農家，就不大可能有優渥、豪華的童年，雖說將相本無種，雖說帝王出生於賤土，但那一切也是命運作弄人，也是時勢造英雄，你我絕大部分的平凡人，都是芸芸衆生靠命運安排，順著命運走，就是幸運，就是吉利，這就是「順運者昌」；反之，倘若違背命運而

行，就是背運、反運，這就是「逆運者亡」，帝王將相是「順民者昌，逆民者亡」，我等平凡眾生是「順運者昌，逆運者亡」，這是宿命，也是樂天知天命、知進退，該是你的，你就進取之，反之，若不是你的，你就退還之，這就是所謂的「順運者昌，逆運者亡」和「君子進退有道》，反之，倘若是「順我者昌，逆我者亡」的惡霸之道，那就自取滅亡了，縱然一時小人會得志，但終歸是大逆不道無葬所。因此，人一出生落土時的生辰八字，經過「易經神算」的推演運算，就可注定一生命運屬於哪一類型、哪一卦，其詳細的推算方式，可參閱《學會易經算命的第一本書》。

經過謝國華「易經神算」之後，可將凡人百態分為64卦的64類型，如以下圖表1所示：

下＼上卦	乾1	兌2	離3	震4	巽5	坎6	艮7	坤8
乾1	乾	夬	大有	大壯	小畜	需	大畜	泰
兌2	履	兌	睽	歸妹	中孚	節	損	臨
離3	同人	革	離	豐	家人	既濟	賁	明夷
震4	無妄	隨	噬嗑	震	益	屯	頤	復
巽5	姤	大過	鼎	恒	巽	井	蠱	升
坎6	訟	困	未濟	解	渙	坎	蒙	師
艮7	遯	咸	旅	小過	漸	蹇	艮	謙
坤8	否	萃	晉	豫	觀	比	剝	坤

以上圖表雖然展現凡人64類型，但在製作名片時，就必須更進一步歸納為八大類的八個方位，即東、西、南、北、東南、西北、東北、西南八個方位，根據易經風水的八宮方位命理，卦數1代表乾卦（西北方），卦數2代表兌卦（西方）……卦數8代表坤卦（西南方），茲列表列如下：

卦數	1	2	3	4	5	6	7	8
卦名	乾	兌	離	震	巽	坎	艮	坤
方位	西北	西	南	東	東南	北	東北	西南

為了進一步製作幸運名片，就必須將64種人生命運精簡為八種命格，其運算方式如下：

將先天命運卦數除以8，取其餘數，作為命格數

例如：張三豐的先天命運卦數為36（如《易經算命》這本書的55頁），則其命格為4（36÷8＝4餘4），屬於

「震卦」（上圖）。

例如：李四的先天命運為6（14÷8＝1餘6）。

例如：陳水扁的先天命運卦數為76（如《易經算命》這本書的56頁），則其命格為4（76÷8＝9餘4）。

總之，根據生辰八字，可以易經神算為64種命運卦數，並可進一步歸納為八種命格卦數。

$$\boxed{\text{生辰八字}} \rightarrow \boxed{\text{64種命運卦數}} \rightarrow \boxed{\text{8種命格卦數}}$$

八卦八種命格各有其特色，可以意會，也可以言傳，更可以圖示隱意。因此，擅長素描寫意的上海大師何麗慧，以其敏銳慧根，為八種命格繪製了美麗傳神的繪本圖說，她傾情流露了天意心情！你能傾聽到命運的吶喊回音？特圖示於後：

1.易經人生（乾卦 CREATIVE）浮世繪

出生決定人生！例如出生於 1980 年 6 月 30 日，
那就是乾卦人生！其推算公式如下：

年 1980÷8 = 247 餘 4……→41÷8 = 5 餘 1…→乾卦
月 06÷8 = 0 餘 6→65÷8 = 8 餘 1↑
日 13÷8 = 1 餘 5→↑

2.易經人生（兌卦 JOYOUS）浮世繪

出、生、決、定、人、生！例如（出生於 1980 年 6 月 14 日，那就是兌卦人生！其推算公式如下：

年：1980÷8 ＝ 247 餘 4………→42÷8 ＝ 5 餘 2…【兌】
月：06÷8 ＝ 0 餘 6→66÷8 ＝ 8 餘 2…↑
日：14÷8 ＝ 1 餘 6…↑

3.易經人生（離卦 CLINGING）浮世繪

出、生、決、定、人、生！例如：出生於 1980 年 6 月 15 日，那就是離卦人生！其推算公式如下：

年：$1980 \div 8 = 247$ 餘 $4 \cdots\cdots\cdots\rightarrow 43 \div 8 = 5$ 餘 $3 \cdots$【離】
月：$06 \div 8 = 0$ 餘 $6 \rightarrow 67 \div 8 = 8$ 餘 $3 \cdots \uparrow$
日：$15 \div 8 = 1$ 餘 $7 \cdots \uparrow$

4.易經人生（震卦 AROUSING）浮世繪

出、生、決、定、人、生！例如：出生於 1980 年 6 月 16 日，那就是震卦人生！其推算公式如下：

年：$1980 \div 8 = 247$ 餘 4………→$44 \div 8 = 5$ 餘 4…【震】
月：$06 \div 8 = 0$ 餘 6→$68 \div 8 = 8$ 餘 4…↑
日：$16 \div 8 = 1$ 餘 8…↑

5.易經人生（巽卦 GENTLE）浮世繪

出、生、決、定、人、生！例如：出生於 1980 年 6 月 17 日，那就是震卦人生！其推算公式如下：

年：$1980 \div 8 = 247$ 餘 4⋯⋯⋯⋯→$45 \div 8 = 5$ 餘 5⋯【巽】
月：$06 \div 8 = 0$ 餘 6→$61 \div 8 = 7$ 餘 5⋯↑
日：$17 \div 8 = 2$ 餘 1⋯↑

6.易經人生（坎卦 ABYSMAL）浮世繪

出、生、決、定、人、生！例如：出生於 1980 年 6 月 18 日，那就是坎卦人生！其推算公式如下：

年：$1980 \div 8 = 247$ 餘 4⋯⋯⋯→$46 \div 8 = 5$ 餘 6⋯【坎】
月：$06 \div 8 = 0$ 餘 6→$62 \div 8 = 7$ 餘 6⋯↑
日：$18 \div 8 = 2$ 餘 2⋯↑

7.易經人生（艮卦 KEEPING STILL）浮世繪

出、生、決、定、人、生！例如：出生於 1980 年 6 月 19 日，那就是坎卦人生！其推算公式如下：

年：1980÷8 ＝ 247 餘 4………→47÷8 ＝ 5 餘 7…【艮】
月：06÷8 ＝ 0 餘 6→63÷8 ＝ 7 餘 7…↑
日：19÷8 ＝ 2 餘 3…↑

8.易經人生（坤卦 RECEPTIVE）浮世繪

出、生、決、定、人、生！例如：出生於 1980 年 6 月 20 日，那就是坤卦人生！其推算公式如下：

年：$1980 \div 8 = 247$ 餘 4 ……→$48 \div 8 = 5$ 餘 8…【坤】
月：$06 \div 8 = 0$ 餘 6→$64 \div 8 = 7$ 餘 8…↑
日：$20 \div 8 = 2$ 餘 4…↑

二、名片的吉利方位（吉方）

　　名片的風水方位，也像陽宅風水一樣分爲八宮八方位，分別爲東、西、南、北、東南、西北、東北、西南，雖然我們常說「角度不同，觀點不同」，而角度最通常的說法，就是360°（三百六十度），但是我們實在無法以360個不同的角度去看問題，因爲太複雜了，因而只能概括性地「正、反」兩個不同角度去看問題，或者是說「以自己或別人兩種不同的角度」去看問題，名片風水、陽宅風水也是如此，雖說方向角度有360（三百六十四個不同角度方位），但在實際操作裡，只能以八個方位來描述，這就是所謂的易經八宮八方位，我們在風水書籍時常會看到「青龍、白虎……」等神奇又美麗的專業術語，其實就是方位名詞，例如「青龍」代表左方，「白虎」代表右方，因此，我們時常聽到「左青龍，右白虎」的口頭語。由於本書著重實際，因此，暫時捨棄美麗字眼的專業術語，而直接使用大家耳熟能詳的「東、西、南、北、中」，以及大家屈指可數的「1、2、3、4、5、6、7、8」來直接觸及深奧命理的「名片風水學」，茲圖示於本書圖表1（37頁），由圖表1可知：

命格卦數1，代表乾卦，西北方。

命格卦數2，代表兌卦，西方。

命格卦數3，代表離卦，南方。

命格卦數4，代表震卦，東方。

命格卦數5，代表巽卦，東南方。

命格卦數6，代表坎卦，北方。

命格卦數7，代表艮卦，東北方。

命格卦數8，代表坤卦，西南方。

【圖表1】

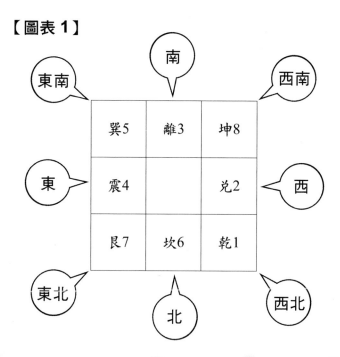

三、名片的流年吉方

　　每人一生的命格雖然固定為某一卦（例如乾卦、兌卦……），但其每年的吉利方位其實是逐年不同，這就是所謂的「流年吉方」。本章節就是要告訴你如何推算流年吉方。首先要知道「爻變卦」的變化之道，由於本書著重於「幸運名片」的製作，並不偏重於「爻變卦」的專門論述，因此，讀者要詳細瞭解爻變卦原理，可參閱拙著《學流年命盤，這本最好用》51頁，但是為了避免讀者翻閱不便，因此，特摘錄於後，供讀者方便閱讀！

1、【乾卦】流年吉方的易經爻變

（全周期）	乾1	☰	基本卦
（第一年）	兌2	☱	上爻變
（第二年）	震4	☳	中爻變
（第三年）	坤8	☷	下爻變
（第四年）	坎6	☵	中爻變
（第五年）	巽5	☴	上爻變
（第六年）	艮7	☶	中爻變
（第七年）	離3	☲	下爻變
（第八年）	乾1	☰	中爻變

2、【兌卦】流年吉方的易經爻變

（全周期）	兌2		基本卦
（第一年）	乾1		上爻變
（第二年）	離3		中爻變
（第三年）	艮7		下爻變
（第四年）	巽5		中爻變
（第五年）	坎6		上爻變
（第六年）	坤8		中爻變
（第七年）	震4		下爻變
（第八年）	兌2		中爻變

3、【離卦】流年吉方的易經爻變

（全周期）	離3	☲	基本卦
（第一年）	震4	☳	上爻變
（第二年）	兌2	☱	中爻變
（第三年）	坎6	☵	下爻變
（第四年）	坤8	☷	中爻變
（第五年）	艮7	☶	上爻變
（第六年）	巽5	☴	中爻變
（第七年）	乾1	☰	下爻變
（第八年）	離3	☲	中爻變

4、【震卦】流年吉方的易經爻

（全周期）	震4	☳	基本卦
（第一年）	離3	☲	上爻變
（第二年）	乾1	☰	中爻變
（第三年）	巽5	☴	下爻變
（第四年）	艮7	☶	中爻變
（第五年）	坤8	☷	上爻變
（第六年）	坎6	☵	中爻變
（第七年）	兌2	☱	下爻變
（第八年）	震4	☳	中爻變

5、【巽卦】流年吉方的易經爻變

（全周期）	巽5	☴	基本卦
（第一年）	坎6	☵	上爻變
（第二年）	坤8	☷	中爻變
（第三年）	震4	☳	下爻變
（第四年）	兌2	☱	中爻變
（第五年）	乾1	☰	上爻變
（第六年）	離3	☲	中爻變
（第七年）	艮7	☶	下爻變
（第八年）	巽5	☴	中爻變

6、【坎卦】流年吉方的易經爻變

（全周期）	坎6	䷜	基本卦
（第一年）	巽5		上爻變
（第二年）	艮7		中爻變
（第三年）	離3		下爻變
（第四年）	乾1		中爻變
（第五年）	兌2		上爻變
（第六年）	震4		中爻變
（第七年）	坤8		下爻變
（第八年）	坎6		中爻變

7、【艮卦】流年吉方的易經爻變

（全周期）	艮7	☶	基本卦
（第一年）	坤8	☷	上爻變
（第二年）	坎6	☵	中爻變
（第三年）	兌2	☱	下爻變
（第四年）	震4	☳	中爻變
（第五年）	離3	☲	上爻變
（第六年）	乾1	☰	中爻變
（第七年）	巽5	☴	下爻變
（第八年）	艮7	☶	中爻變

8、【坤卦】流年告方的易經爻變

（全周期）	坤8		基本卦
（第一年）	艮7		上爻變
（第二年）	巽5		中爻變
（第三年）	乾1		下爻變
（第四年）	離3		中爻變
（第五年）	震4		上爻變
（第六年）	兌2		中爻變
（第七年）	坎6		下爻變
（第八年）	坤8		中爻變

在瞭解「爻變卦」之後，讀者可能不知何年為上爻、中爻、下爻、中爻，因此，特摘錄如下：幸運名片的爻變循環，並不採用「六爻變」（見《學會易經算命的第一本書》56頁），而是採用風水方位的「八爻變」命理，所謂八爻變就是「上、中、下、中、上、中、下、中」的八個爻變，例如基本卦為乾卦，則其爻變流年如下所述。

（乾）	
▬▬▬▬▬	（上爻）
▬▬▬▬▬	（中爻）
▬▬▬▬▬	（下爻）

乾卦的第一爻變（上爻變）就是兌卦

（乾）	
▬▬▬▬▬	（上爻）
▬▬▬▬▬	（中爻）
▬▬▬▬▬	（下爻）

↓上爻變

▬▬　▬▬
▬▬▬▬▬
▬▬▬▬▬
（兌）

乾卦的第二爻變（中爻變）就是離卦

（兌）	
▬▬▬　▬▬▬	（上爻）
▬▬▬▬▬▬▬	（中爻）
▬▬▬▬▬▬▬	（下爻）

↓中爻變

▬▬▬　▬▬▬
▬▬▬　▬▬▬
▬▬▬▬▬▬▬
（離）

乾卦的第三爻變（下爻變）就是震卦

（離）	
▬▬▬　▬▬▬	（上爻）
▬▬▬　▬▬▬	（中爻）
▬▬▬▬▬▬▬	（下爻）

↓下爻變

▬▬▬　▬▬▬
▬▬▬　▬▬▬
▬▬▬　▬▬▬
（震）

乾卦的第四爻變（中爻變）就是巽卦

（震）	
▅▅ ▅▅	（上爻）
▅▅ ▅▅	（中爻）
▅▅▅▅	（下爻）

↓中爻變

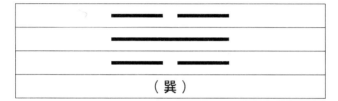

（巽）

乾卦的第五爻變（上爻變）就是坎卦

（巽）	
▅▅ ▅▅	（上爻）
▅▅▅▅	（中爻）
▅▅ ▅▅	（下爻）

↓上爻變

（坎）

乾卦的第六爻變（中爻變）就是艮卦

（巽）	
─────────	（上爻）
─────────	（中爻）
─── ───	（下爻）

↓中爻變

─────────
─── ───
─── ───
（坎）

乾卦的第七爻變（下爻變）就是坤卦

（坎）	
─────────	（上爻）
─── ───	（中爻）
─────────	（下爻）

↓下爻變

─────────
─── ───
─────────
（坤）

乾卦的第八爻變（中爻變）就是乾卦

（坤）	
⚊	（上爻）
⚋	（中爻）
⚋	（下爻）

↓中爻變

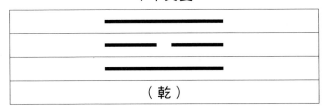

⚊
⚋
⚊
（乾）

易經風水的「上、中、下、中、上、中、下、中」八爻變，並不只是風水空間的八方位，其實也是時間流年的八年變化循環，第1年是上爻變，第2年是中爻變等等，茲表列如下：

爻變	上爻變	中爻變	下爻變	中爻變	上爻變	中爻變	下爻變	中爻變
流年	第一年	第二年	第三年	第四年	第五年	第六年	第七年	第八年

每個人先天八字所產生的八種命卦各有不同分類，這是小我的特性差異，但是我們每個人都生活在相同的時空背景大環境，這是大家都相同的，就看自己命卦機運如何

去順天應時了，每年的爻變卦是依據下列法則推算的。

西元年份÷8，取其餘數，作爲爻變次序

例如2006年，其爻變次序爲6

（2006÷8＝250餘6）

2007年，其爻變次序爲7

2008年，其爻變次序爲8

2009年，其爻變次序爲1

2010年，其爻變次序爲2

2011年，其爻變次序爲3

2012年，其爻變次序爲4

2013年，其爻變次序爲5

因此，就以基本卦爲乾卦的人而言，其每年的吉利方位如下：

基本卦	上爻變	中爻變	下爻變	中爻變	上爻變	中爻變	下爻變	中爻變
乾	兌	震	坤	坎	巽	艮	離	乾
全周期	第一年	第二年	第三年	第四年	第五年	第六年	第七年	第八年
西元	2009年	2010年	2011年	2012年	2013年	2006年	2007年	2008年
吉利方位	西方	東方	西北	北方	東南	東北	南方	西北

四、名片的幸運色

經過以上章節的介紹之後，有些讀者可能已經瞭解了幸運名片的「吉利方位、流年吉方」，因而可以自行製作幸運名片了，但是，有些讀者可能還不十分瞭解，此時，可參照本書第貳章的設計實例，就一定能夠瞭若指掌了，而不論你是遵循哪種方式，學會了製作「幸運名片」，此時還不能算是大功告成，還必須「畫龍點睛」地完成開光儀式。

自古以來，開光各有其不同神秘色彩的儀式，但以幸運色彩來開光是其中比較出色的方式，按照《學會易經算命的第一本書》46頁的「八卦屬性」，其幸運顏色的色譜

命理爲：

卦數1爲乾卦，其幸運顏色爲藍色。

卦數2爲兌卦，其幸運顏色爲橙色。

卦數3爲離卦，其幸運顏色爲紅色。

卦數4爲震卦，其幸運顏色爲銀色。

卦數5爲巽卦，其幸運顏色爲白色。

卦數6爲坎卦，其幸運顏色爲綠色。

卦數7爲艮卦，其幸運顏色爲青色。

卦數8爲坤卦，其幸運顏色爲黃色。

名片本身設計完成後，可用一張同樣尺寸的有色開光卡來進行開光儀式，其更進一步的開光儀式，可參閱本書第肆章。

五、生日卡、模特兒卡、大頭貼、聖誕卡

　　本書雖然主要為「幸運名片」的製作和開光書籍，但也同樣適用於生日卡、模特兒卡、大頭貼、聖誕卡等等的各類卡片，甚至可以應用在產品型錄說明書、履歷表、投標書……等等。

　　因此，本書第三章就分別介紹了大頭貼、模特兒卡、生日卡和聖誕卡的設計實例。倘若讀者能夠舉一反三，也就可以應用在各種請帖、邀請卡上。

幸運名片的設計實例

根據一個人的出生年、月、日，即可推算出他的基本命卦（見本書第 25 頁），眾生凡人雖有成千上萬數十億，但可總括分為 64 類，這就是易經 64 卦的人生！譬如我是乾卦人生，你是姤卦人生，而他卻是離卦人生，每一個卦理人生固然有其基本的吉利方位，但隨著流年時勢的推移，每一年的吉利方位也跟著有所位移，這就是流年吉方，本章節就是在於探討幸運名片的流年吉方，一個人的姓名、生辰固然一生不變，但每年的吉利方位卻可能改變，因此，一個人名片的吉利方位是每年不同的！

眾生凡人雖然分為 64 類的 64 卦人生，但在幸運名片的實際製作時，可進一步濃縮為八大類，這就是易經八卦的乾⑴、兌⑵、離⑶、震⑷、巽⑸、坎⑹、艮⑺、坤⑻，本章節就是明確圖示這些八大類幸運名片的流年吉方！

一、「乾卦」的幸運名片

A.根據一個人的出生年、月、日，即可推算出「基本命卦」（詳見本書26頁），倘若基本命卦為乾卦時，其幸運名片的流年吉方如下所述：

B.一旦推算出「基本命卦」為乾卦之後，就可根據「流年吉方的易經爻變」的流年變化（詳見本書第38頁），而清楚得知其流年吉方，為了讓讀者免於翻閱之不便，茲將乾卦的流年吉方摘錄如下：

2006年	2007年	2008年	2009年	2010年	2011年	2012年	2013年
艮宮	離宮	乾宮	兌宮	震宮	坤宮	坎宮	巽宮

乾卦 流年吉方

C.有了以上A和B的推算結果，就可根據「易經八宮方位」（見本書37頁），明確指出乾卦者幸運名片的流年吉利方位，茲列舉圖表如下：

1、【乾卦，2006 年】幸運名片的吉利方位

【橫式名片】

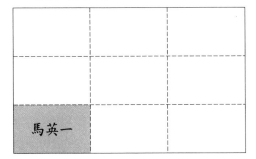

【直式名片】

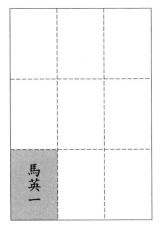

　　底色區域為吉利方位，只要把姓名安排在此即可，這就是命理師的開運任務；至於公司商標、名稱、地址、電話號碼……等內容，就可以自由安排位置了！那就是美工設計師的美術任務！

2、【乾卦，2007 年】幸運名片的吉利方位

【橫式名片】

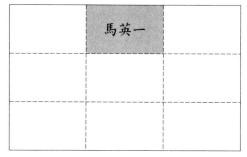

【直式名片】

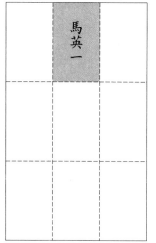

　　底色區域為吉利方位，只要把姓名安排在此即可，這就是命理師的幸運任務；至於公司商標、名稱、地址、電話號碼……等內容，就可以自由安排位置了！那就是美工設計師的美觀任務！

3、【乾卦，2008 年】幸運名片的吉利方位

【橫式名片】

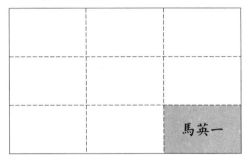

馬英一

【直式名片】

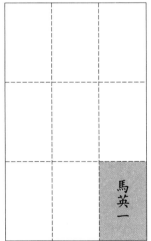

馬英一

　　底色區域為吉利方位，只要把姓名安排在此即可，這就是命理師的幸運任務；至於公司商標、名稱、地址、電話號碼……等內容，就可以自由安排位置了！那就是美工設計師的美觀任務！

4、【乾卦，2009 年】幸運名片的吉利方位

【橫式名片】

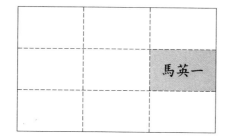

馬英一

【直式名片】

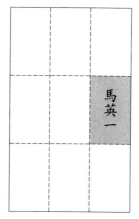

馬英一

　　底色區域爲吉利方位，只要把姓名安排在此即可，這就是命理師的幸運任務；至於公司商標、名稱、地址、電話號碼……等內容，就可以自由安排位置了！那就是美工設計師的美觀任務！

5、【乾卦，2010 年】幸運名片的吉利方位

【橫式名片】

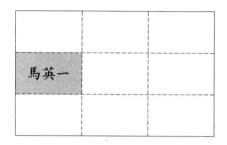

【直式名片】

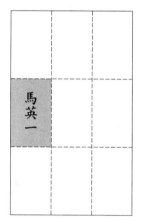

　　底色區域為吉利方位，只要把姓名安排在此即可，這就是命理師的幸運任務；至於公司商標、名稱、地址、電話號碼……等內容，就可以自由安排位置了！那就是美工設計師的美觀任務！

6、【乾卦，2011 年】幸運名片的吉利方位

【橫式名片】

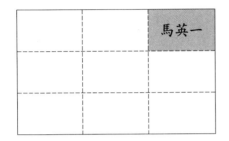

【直式名片】

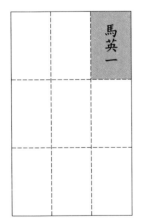

底色區域為吉利方位，只要把姓名安排在此即可，這就是命理師的幸運任務；至於公司商標、名稱、地址、電話號碼⋯⋯等內容，就可以自由安排位置了！那就是美工設計師的美觀任務！

7、【乾卦，2012 年】幸運名片的吉利方位

【橫式名片】

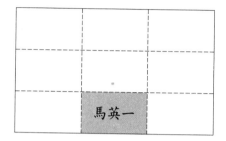

馬英一

【直式名片】

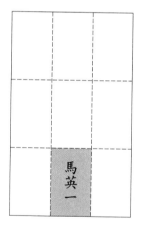

馬英一

底色區域為吉利方位，只要把姓名安排在此即可，這就是命理師的幸運任務；至於公司商標、名稱、地址、電話號碼……等內容，就可以自由安排位置了！那就是美工設計師的美觀任務！

8、【乾卦，2013 年】幸運名片的吉利方位

【橫式名片】

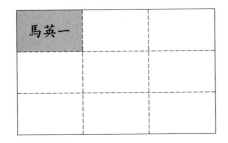

【直式名片】

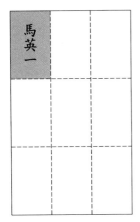

　　底色區域為吉利方位，只要把姓名安排在此即可，這就是命理師的幸運任務；至於公司商標、名稱、地址、電話號碼……等內容，就可以自由安排位置了！那就是美工設計師的美觀任務！

二、「兌卦」的幸運名片

A.根據一個人的出生年、月、日，即可推算出「基本命卦」（詳見本書26頁），倘若基本命卦爲兌卦時，其幸運名片的流年吉方如下所述：

B.一旦推算出「基本命卦」爲兌卦之後，就可根據「流年吉方的易經爻變」的流年變化（詳見本書第38頁），而清楚得知其流年吉方，爲了讓讀者免於翻查之不便，茲將兌卦的流年吉方摘錄如下：

2006年	2007年	2008年	2009年	2010年	2011年	2012年	2013年
坤宮	震宮	兌宮	乾宮	離宮	艮宮	巽宮	坎宮

兌卦　流年吉方

C.有了以上A和B的推算結果，就可根據「易經八宮方位」（見本書37頁），明確指出兌卦者幸運名片的流年吉利方位，茲列舉圖表如下：

1、【兌卦，2006 年】幸運名片的吉利方位

【橫式名片】

【直式名片】

　　底色區域為吉利方位，只要把姓名安排在此即可，這就是命理師的幸運任務；至於公司商標、名稱、地址、電話號碼……等內容，就可以自由安排位置了！那就是美工設計師的美觀任務！

2、【兌卦，2007 年】幸運名片的吉利方位

【橫式名片】

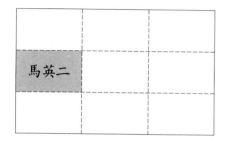

【直式名片】

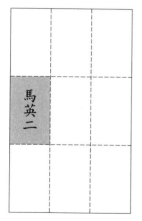

　　底色區域為吉利方位，只要把姓名安排在此即可，這就是命理師的幸運任務；至於公司商標、名稱、地址、電話號碼……等內容，就可以自由安排位置了！那就是美工設計師的美觀任務！

3、【兌卦，2008 年】幸運名片的吉利方位

【橫式名片】

【直式名片】

底色區域為吉利方位，只要把姓名安排在此即可，這就是命理師的幸運任務；至於公司商標、名稱、地址、電話號碼……等內容，就可以自由安排位置了！那就是美工設計師的美觀任務！

4、【兌卦，2009 年】幸運名片的吉利方位

【橫式名片】

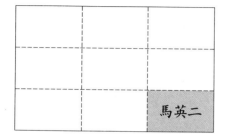

馬英二

【直式名片】

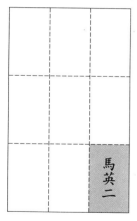

馬英二

　　底色區域為吉利方位，只要把姓名安排在此即可，這就是命理師的幸運任務；至於公司商標、名稱、地址、電話號碼……等內容，就可以自由安排位置了！那就是美工設計師的美觀任務！

5、【兌卦，2010 年】幸運名片的吉利方位

【橫式名片】

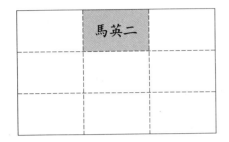

【直式名片】

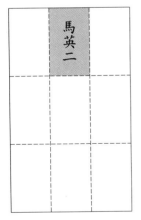

　　底色區域為吉利方位，只要把姓名安排在此即可，這就是命理師的幸運任務；至於公司商標、名稱、地址、電話號碼……等內容，就可以自由安排位置了！那就是美工設計師的美觀任務！

6、【兌卦，2011 年】幸運名片的吉利方位

【橫式名片】

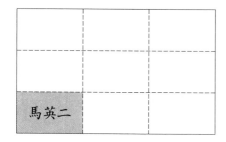

【直式名片】

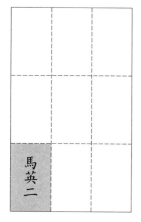

　　底色區域爲吉利方位，只要把姓名安排在此即可，這就是命理師的幸運任務；至於公司商標、名稱、地址、電話號碼……等內容，就可以自由安排位置了！那就是美工設計師的美觀任務！

7、【兌卦，2012 年】幸運名片的吉利方位

【橫式名片】

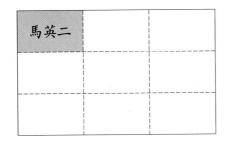

【直式名片】

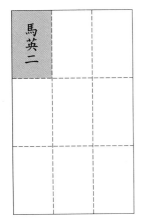

　　底色區域為吉利方位，只要把姓名安排在此即可，這就是命理師的幸運任務；至於公司商標、名稱、地址、電話號碼⋯⋯等內容，就可以自由安排位置了！那就是美工設計師的美觀任務！

8、【兌卦，2013 年】幸運名片的吉利方位

【橫式名片】

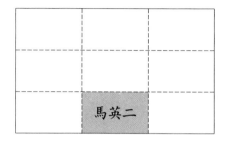

【直式名片】

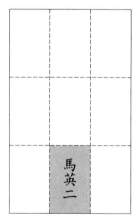

底色區域為吉利方位，只要把姓名安排在此即可，這就是命理師的幸運任務；至於公司商標、名稱、地址、電話號碼……等內容，就可以自由安排位置了！那就是美工設計師的美觀任務！

三、「離卦」的幸運名片

A.根據一個人的出生年月日，即可推算出「基本命卦」（詳見本書26頁），倘若基本命卦爲離卦時，其幸運名片的流年吉方如下所述：

B.一旦推算出「基本命卦」爲離卦之後，就可根據「流年吉方的易經爻變」的流年變化（詳見本書第38頁），而清楚得知其流年吉方，爲了讓讀者免於翻閱之不便，茲將離卦的流年吉方摘錄如下：

離卦 流年吉方

2006年	2007年	2008年	2009年	2010年	2011年	2012年	2013年
巽宮	乾宮	離宮	震宮	兌宮	坎宮	坤宮	艮宮

C.有了以上A和B的推算結果，就可根據「易經八宮方位」（見本書37頁），明確指出離卦者幸運名片的流年吉利方位，茲列舉圖表如下：

1、【離卦，2006 年】幸運名片的吉利方位

【橫式名片】

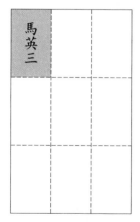

【直式名片】

　　底色區域為吉利方位，只要把姓名安排在此即可，這就是命理師的幸運任務；至於公司商標、名稱、地址、電話號碼……等內容，就可以自由安排位置了！那就是美工設計師的美觀任務！

2、【離卦，2007 年】幸運名片的吉利方位

【橫式名片】

【直式名片】

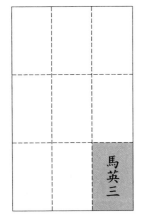

　　底色區域爲吉利方位，只要把姓名安排在此即可，這就是命理師的幸運任務；至於公司商標、名稱、地址、電話號碼……等內容，就可以自由安排位置了！那就是美工設計師的美觀任務！

3、【離卦，2008 年】幸運名片的吉利方位

【橫式名片】

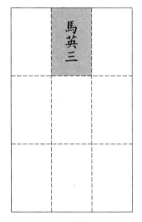

馬英三

【直式名片】

馬英三

　　底色區域為吉利方位，只要把姓名安排在此即可，這就是命理師的幸運任務；至於公司商標、名稱、地址、電話號碼……等內容，就可以自由安排位置了！那就是美工設計師的美觀任務！

4、【離卦，2009 年】幸運名片的吉利方位

【橫式名片】

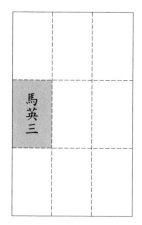

馬英三

【直式名片】

馬
英
三

底色區域為吉利方位，只要把姓名安排在此即可，這就是命理師的幸運任務；至於公司商標、名稱、地址、電話號碼……等內容，就可以自由安排位置了！那就是美工設計師的美觀任務！

5、【離卦，2010 年】幸運名片的吉利方位

【橫式名片】

馬英三

【直式名片】

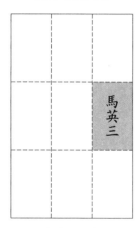

馬英三

　　底色區域為吉利方位，只要把姓名安排在此即可，這就是命理師的幸運任務；至於公司商標、名稱、地址、電話號碼……等內容，就可以自由安排位置了！那就是美工設計師的美觀任務！

6、【離卦，2011 年】幸運名片的吉利方位

【橫式名片】

馬英三

【直式名片】

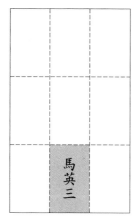

馬英三

　　底色區域為吉利方位，只要把姓名安排在此即可，這就是命理師的幸運任務；至於公司商標、名稱、地址、電話號碼……等內容，就可以自由安排位置了！那就是美工設計師的美觀任務！

7、【離卦，2012 年】幸運名片的吉利方位

【橫式名片】

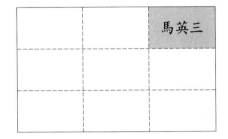

【直式名片】

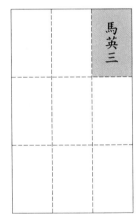

　　底色區域為吉利方位，只要把姓名安排在此即可，這就是命理師的幸運任務；至於公司商標、名稱、地址、電話號碼……等內容，就可以自由安排位置了！那就是美工設計師的美觀任務！

8、【離卦，2013 年】 幸運名片的吉利方位

【橫式名片】

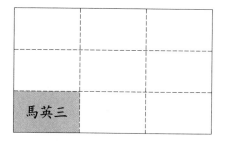

【直式名片】

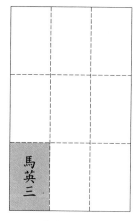

　　底色區域為吉利方位，只要把姓名安排在此即可，這就是命理師的幸運任務；至於公司商標、名稱、地址、電話號碼……等內容，就可以自由安排位置了！那就是美工設計師的美觀任務！

四、「震卦」的幸運名片

A.根據一個人的出生年、月、日，即可推算出「基本命卦」（詳見本書26頁），倘若基本命卦為震卦時，其幸運名片的流年吉方如下所述：

B.一旦推算出「基本命卦」為震卦之後，就可根據「流年吉方的易經爻變」的流年變化（詳見本書第38頁），而清楚得知其流年吉方，為了讓讀者免於翻閱之不便，茲將震卦的流年吉方摘錄如下：

震卦 **流年吉方**

2006年	2007年	2008年	2009年	2010年	2011年	2012年	2013年
坎宮	兌宮	震宮	離宮	乾宮	巽宮	艮宮	坤宮

C.有了以上A和B的推算結果，就可根據「易經八宮方位」（見本書37頁），明確指出震卦者幸運名片的流年吉利方位，茲列舉圖表如下：

1、【震卦，2006 年】幸運名片的吉利方位

【橫式名片】

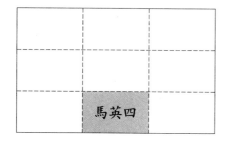

【直式名片】

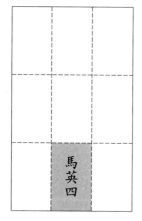

　　底色區域為吉利方位，只要把姓名安排在此即可，這就是命理師的幸運任務；至於公司商標、名稱、地址、電話號碼……等內容，就可以自由安排位置了！那就是美工設計師的美觀任務！

2、【震卦，2007 年】幸運名片的吉利方位

【橫式名片】

【直式名片】

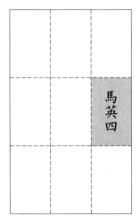

　　底色區域爲吉利方位，只要把姓名安排在此即可，這就是命理師的幸運任務；至於公司商標、名稱、地址、電話號碼……等內容，就可以自由安排位置了！那就是美工設計師的美觀任務！

3、【震卦，2008 年】幸運名片的吉利方位

【橫式名片】

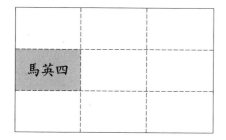

【直式名片】

　　底色區域為吉利方位，只要把姓名安排在此即可，這就是命理師的幸運任務；至於公司商標、名稱、地址、電話號碼……等內容，就可以自由安排位置了！那就是美工設計師的美觀任務！

4、【震卦，2009 年】幸運名片的吉利方位

【橫式名片】

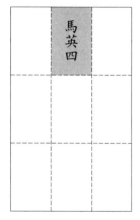

馬英四

【直式名片】

馬英四

底色區域爲吉利方位，只要把姓名安排在此即可，這就是命理師的幸運任務；至於公司商標、名稱、地址、電話號碼……等內容，就可以自由安排位置了！那就是美工設計師的美觀任務！

5、【震卦，2010 年】幸運名片的吉利方位

【橫式名片】

【直式名片】

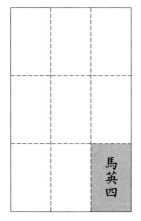

　　底色區域為吉利方位，只要把姓名安排在此即可，這就是命理師的幸運任務；至於公司商標、名稱、地址、電話號碼……等內容，就可以自由安排位置了！那就是美工設計師的美觀任務！

6、【震卦，2010 年】幸運名片的吉利方位

【橫式名片】

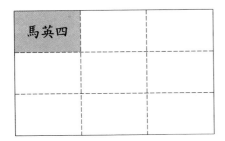

【直式名片】

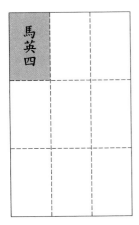

　　底色區域為吉利方位，只要把姓名安排在此即可，這就是命理師的幸運任務；至於公司商標、名稱、地址、電話號碼……等內容，就可以自由安排位置了！那就是美工設計師的美觀任務！

7、【震卦，2011 年】幸運名片的吉利方位

【橫式名片】

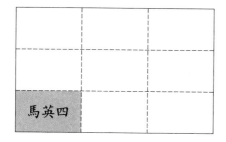

【直式名片】

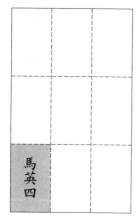

　　底色區域為吉利方位，只要把姓名安排在此即可，這就是命理師的幸運任務；至於公司商標、名稱、地址、電話號碼……等內容，就可以自由安排位置了！那就是美工設計師的美觀任務！

8、【震卦，2013 年】幸運名片的吉利方位

【橫式名片】

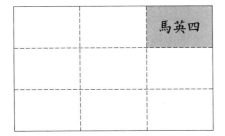

【直式名片】

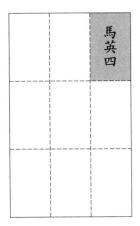

　　底色區域為吉利方位，只要把姓名安排在此即可，這就是命理師的幸運任務；至於公司商標、名稱、地址、電話號碼……等內容，就可以自由安排位置了！那就是美工設計師的美觀任務！

五、「巽卦」的幸運名片

A.根據一個人的出生年月日，即可推算出「基本命卦」（詳見本書26頁），倘若基本命卦爲巽卦時，其幸運名片的流年吉方如下所述：

B.一旦推算出「基本命卦」爲巽卦之後，就可根據「流年吉方的易經爻變」的流年變化（詳見本書第38頁），而清楚得知其流年吉方，爲了讓讀者免於翻閱之不便，茲將巽卦的流年吉方摘錄如下：

巽卦　流年吉方

2006年	2007年	2008年	2009年	2010年	2011年	2012年	2013年
離宮	艮宮	巽宮	坎宮	坤宮	震宮	兌宮	乾宮

C.有了以上A和B的推算結果，就可根據「易經八宮方位」（見本書37頁），明確指出巽卦者幸運名片的流年吉利方位，茲列舉圖表如下：

1、【巽卦，2006 年】幸運名片的吉利方位

【橫式名片】

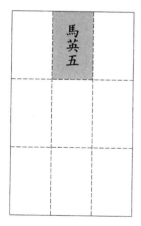

【直式名片】

　　底色區域爲吉利方位，只要把姓名安排在此即可，這就是命理師的幸運任務；至於公司商標、名稱、地址、電話號碼……等內容，就可以自由安排位置了！那就是美工設計師的美觀任務！

2、【巽卦，2007 年】幸運名片的吉利方位

【橫式名片】

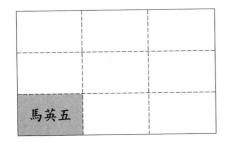

【直式名片】

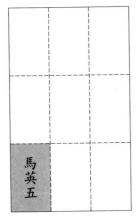

　　底色區域為吉利方位，只要把姓名安排在此即可，這就是命理師的幸運任務；至於公司商標、名稱、地址、電話號碼……等內容，就可以自由安排位置了！那就是美工設計師的美觀任務！

3、【巽卦，2008 年】幸運名片的吉利方位

【橫式名片】

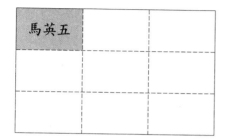

【直式名片】

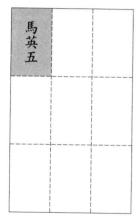

　　底色區域為吉利方位，只要把姓名安排在此即可，這就是命理師的幸運任務；至於公司商標、名稱、地址、電話號碼……等內容，就可以自由安排位置了！那就是美工設計師的美觀任務！

4、【巽卦，2009 年】幸運名片的吉利方位

【橫式名片】

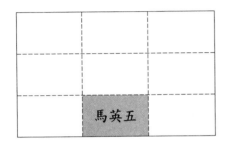

【直式名片】

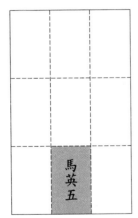

　　底色區域為吉利方位，只要把姓名安排在此即可，這就是命理師的幸運任務；至於公司商標、名稱、地址、電話號碼……等內容，就可以自由安排位置了！那就是美工設計師的美觀任務！

5、【巽卦，2010 年】幸運名片的吉利方位

【橫式名片】

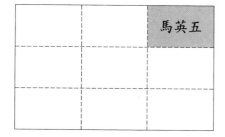

【直式名片】

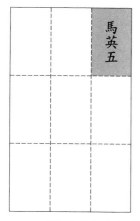

　　底色區域為吉利方位，只要把姓名安排在此即可，這就是命理師的幸運任務；至於公司商標、名稱、地址、電話號碼……等內容，就可以自由安排位置了！那就是美工設計師的美觀任務！

6、【巽卦，2011 年】幸運名片的吉利方位

【橫式名片】

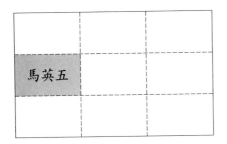

【直式名片】

　　底色區域為吉利方位，只要把姓名安排在此即可，這就是命理師的幸運任務；至於公司商標、名稱、地址、電話號碼……等內容，就可以自由安排位置了！那就是美工設計師的美觀任務！

7、【巽卦，2012 年】幸運名片的吉利方位

【橫式名片】

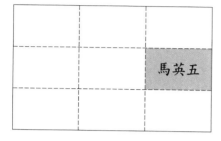

【直式名片】

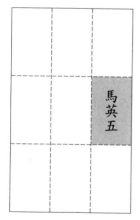

　　底色區域為吉利方位，只要把姓名安排在此即可，這就是命理師的幸運任務；至於公司商標、名稱、地址、電話號碼……等內容，就可以自由安排位置了！那就是美工設計師的美觀任務！

8、【巽卦，2013 年】幸運名片的吉利方位

【橫式名片】

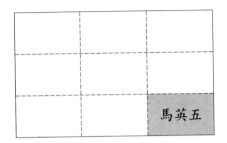

馬英五

【直式名片】

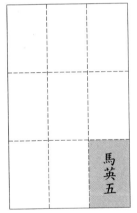

馬英五

　　底色區域為吉利方位，只要把姓名安排在此即可，這就是命理師的幸運任務；至於公司商標、名稱、地址、電話號碼……等內容，就可以自由安排位置了！那就是美工設計師的美觀任務！

六、「坎卦」的幸運名片

　　A.根據一個人的出生年月日，即可推算出「基本命卦」（詳見本書26頁），倘若基本命卦為坎卦時，其幸運名片的流年吉方如下所述：

　　B.一旦推算出「基本命卦」為坎卦之後，就可根據「流年吉方的易經爻變」的流年變化（詳見本書第38頁），而清楚得知其流年吉方，為了讓讀者免於翻閱之不便，茲將坎卦的流年吉方摘錄如下：

坎卦　流年吉方

2006年	2007年	2008年	2009年	2010年	2011年	2012年	2013年
震宮	坤宮	坎宮	巽宮	艮宮	離宮	乾宮	兌宮

　　C.有了以上A和B的推算結果，就可根據「易經八宮方位」（見本書37頁），明確指出坎卦者幸運名片的流年吉利方位，茲列舉圖表如下：

1、【坎卦，2006 年】幸運名片的吉利方位

【橫式名片】

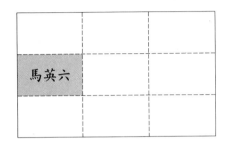

【直式名片】

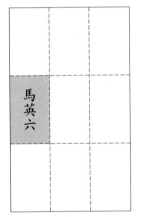

　　底色區域為吉利方位，只要把姓名安排在此即可，這就是命理師的幸運任務；至於公司商標、名稱、地址、電話號碼……等內容，就可以自由安排位置了！那就是美工設計師的美觀任務！

2、【坎卦，2007 年】幸運名片的吉利方位

【橫式名片】

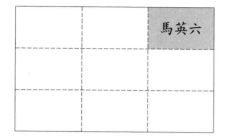

【直式名片】

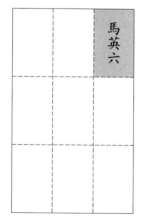

　　底色區域為吉利方位，只要把姓名安排在此即可，這就是命理師的幸運任務；至於公司商標、名稱、地址、電話號碼……等內容，就可以自由安排位置了！那就是美工設計師的美觀任務！

3、【坎卦，2008 年】幸運名片的吉利方位

【橫式名片】

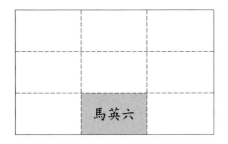

【直式名片】

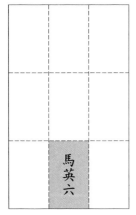

　　底色區域為吉利方位，只要把姓名安排在此即可，這就是命理師的幸運任務；至於公司商標、名稱、地址、電話號碼……等內容，就可以自由安排位置了！那就是美工設計師的美觀任務！

4、【坎卦，2009 年】幸運名片的吉利方位

【橫式名片】

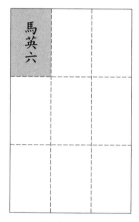

【直式名片】

底色區域爲吉利方位，只要把姓名安排在此即可，這就是命理師的幸運任務；至於公司商標、名稱、地址、電話號碼……等內容，就可以自由安排位置了！那就是美工設計師的美觀任務！

5、【坎卦，2010 年】幸運名片的吉利方位

【橫式名片】

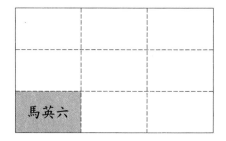

【直式名片】

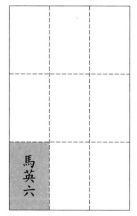

　　底色區域為吉利方位，只要把姓名安排在此即可，這就是命理師的幸運任務；至於公司商標、名稱、地址、電話號碼……等內容，就可以自由安排位置了！那就是美工設計師的美觀任務！

6、【坎卦，2011 年】幸運名片的吉利方位

【橫式名片】

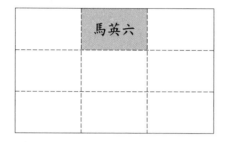

【直式名片】

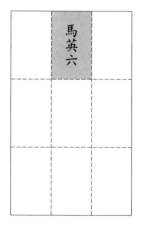

　　底色區域爲吉利方位，只要把姓名安排在此即可，這就是命理師的幸運任務；至於公司商標、名稱、地址、電話號碼……等內容，就可以自由安排位置了！那就是美工設計師的美觀任務！

7、【坎卦，2012 年】幸運名片的吉利方位

【橫式名片】

【直式名片】

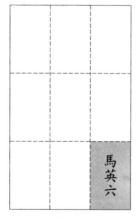

　　底色區域為吉利方位，只要把姓名安排在此即可，這就是命理師的幸運任務；至於公司商標、名稱、地址、電話號碼……等內容，就可以自由安排位置了！那就是美工設計師的美觀任務！

8、【坎卦，2013 年】幸運名片的吉利方

【橫式名片】

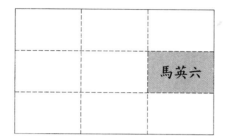

【直式名片】

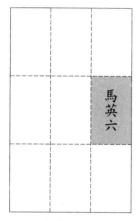

　　底色區域為吉利方位，只要把姓名安排在此即可，這就是命理師的幸運任務；至於公司商標、名稱、地址、電話號碼……等內容，就可以自由安排位置了！那就是美工設計師的美觀任務！

七、「艮卦」的幸運名片

A.根據一個人的出生年、月、日，即可推算出「基本命卦」（詳見本書26頁），倘若基本命卦為艮卦時，其幸運名片的流年吉方如下所述：

B.一旦推算出「基本命卦」為艮卦之後，就可根據「流年吉方的易經爻變」的流年變化（詳見本書第38頁），而清楚得知其流年吉方，為了讓讀者免於翻閱之不便，茲將艮卦的流年吉方摘錄如下：

艮卦　流年吉方

2006年	2007年	2008年	2009年	2010年	2011年	2012年	2013年
乾宮	巽宮	艮宮	坤宮	坎宮	兌宮	震宮	離宮

C.有了以上A和B的推算結果，就可根據「易經八宮方位」（見本書37頁），明確指出艮卦者幸運名片的流年吉利方位，茲列舉圖表如下：

1、【艮卦，2006 年】幸運名片的吉利方位

【橫式名片】

【直式名片】

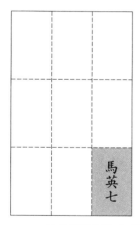

　　底色區域為吉利方位，只要把姓名安排在此即可，這就是命理師的幸運任務；至於公司商標、名稱、地址、電話號碼……等內容，就可以自由安排位置了！那就是美工設計師的美觀任務！

2、【艮卦，2007 年】幸運名片的吉利方位

【橫式名片】

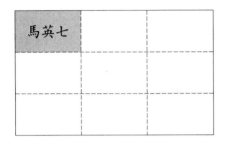

【直式名片】

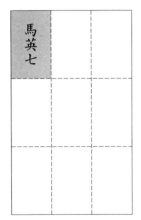

　　底色區域為吉利方位，只要把姓名安排在此即可，這就是命理師的幸運任務；至於公司商標、名稱、地址、電話號碼……等內容，就可以自由安排位置了！那就是美工設計師的美觀任務！

3、【艮卦，2008 年】幸運名片的吉利方位

【橫式名片】

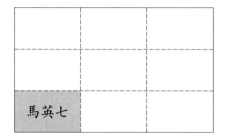

【直式名片】

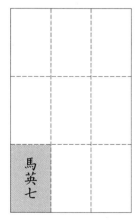

　　底色區域爲吉利方位，只要把姓名安排在此即可，這就是命理師的幸運任務；至於公司商標、名稱、地址、電話號碼……等內容，就可以自由安排位置了！那就是美工設計師的美觀任務！

4、【艮卦，2009 年】幸運名片的吉利方位

【橫式名片】

【直式名片】

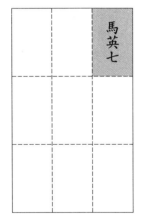

　　底色區域為吉利方位，只要把姓名安排在此即可，這就是命理師的幸運任務；至於公司商標、名稱、地址、電話號碼……等內容，就可以自由安排位置了！那就是美工設計師的美觀任務！

5、【艮卦，2010 年】幸運名片的吉利方位

【橫式名片】

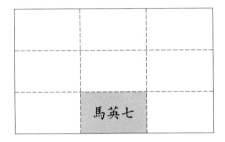

【直式名片】

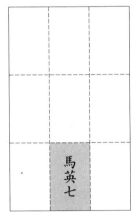

　　底色區域為吉利方位，只要把姓名安排在此即可，這就是命理師的幸運任務；至於公司商標、名稱、地址、電話號碼……等內容，就可以自由安排位置了！那就是美工設計師的美觀任務！

6、【艮卦，2011 年】幸運名片的吉利方位

【橫式名片】

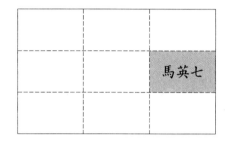

【直式名片】

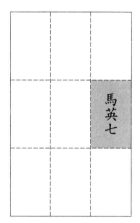

　　底色區域爲吉利方位，只要把姓名安排在此即可，這就是命理師的幸運任務；至於公司商標、名稱、地址、電話號碼……等內容，就可以自由安排位置了！那就是美工設計師的美觀任務！

7、【艮卦，2012 年】幸運名片的吉利方位

【橫式名片】

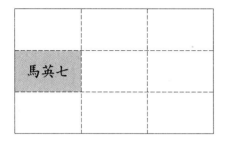

【直式名片】

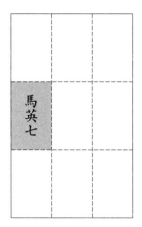

　　底色區域為吉利方位，只要把姓名安排在此即可，這就是命理師的幸運任務；至於公司商標、名稱、地址、電話號碼……等內容，就可以自由安排位置了！那就是美工設計師的美觀任務！

8、【艮卦，2013 年】幸運名片的吉利方位

【橫式名片】

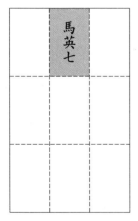

馬英七

【直式名片】

馬英七

　　底色區域爲吉利方位，只要把姓名安排在此即可，這就是命理師的幸運任務；至於公司商標、名稱、地址、電話號碼……等內容，就可以自由安排位置了！那就是美工設計師的美觀任務！

八、「坤卦」的幸運名片

A.根據一個人的出生年月日，即可推算出「基本命卦」（詳見本書26頁），倘若基本命卦為坤卦時，其幸運名片的流年吉方如下所述。

B.一旦推算出「基本命卦」為坤卦之後，就可根據「流年吉方的易經爻變」的流年變化（詳見本書第38頁），而清楚得知其流年吉方，為了讓讀者免於翻查之不便，茲將坤卦的流年吉方摘錄如下：

坤卦 流年吉方

2006年	2007年	2008年	2009年	2010年	2011年	2012年	2013年
兌宮	坎宮	坤宮	艮宮	巽宮	乾宮	離宮	震宮

C.有了以上A和B的推算結果，就可根據「易經八宮方位」（見本書37頁），明確指出艮卦者幸運名片的流年吉利方位，茲列舉圖表如下：

1、【坤卦，2006 年】幸運名片的吉利方位

【橫式名片】

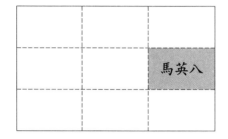

【直式名片】

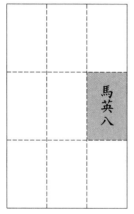

　　底色區域為吉利方位，只要把姓名安排在此即可，這就是命理師的幸運任務；至於公司商標、名稱、地址、電話號碼……等內容，就可以自由安排位置了！那就是美工設計師的美觀任務！

2、【坤卦，2007 年】幸運名片的吉利方位

【橫式名片】

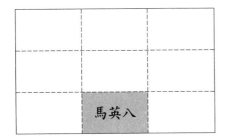

【直式名片】

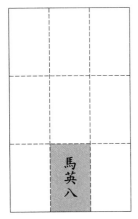

　　底色區域為吉利方位，只要把姓名安排在此即可，這就是命理師的幸運任務；至於公司商標、名稱、地址、電話號碼……等內容，就可以自由安排位置了！那就是美工設計師的美觀任務！

3、【坤卦，2008 年】幸運名片的吉利方位

【橫式名片】

【直式名片】

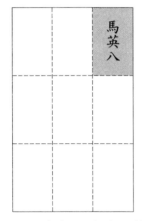

　　底色區域為吉利方位，只要把姓名安排在此即可，這就是命理師的幸運任務；至於公司商標、名稱、地址、電話號碼……等內容，就可以自由安排位置了！那就是美工設計師的美觀任務！

4、【坤卦，2009 年】幸運名片的吉利方位

【橫式名片】

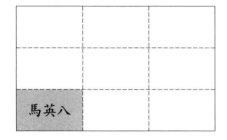

【直式名片】

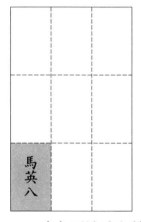

　　底色區域為吉利方位，只要把姓名安排在此即可，這就是命理師的幸運任務；至於公司商標、名稱、地址、電話號碼……等內容，就可以自由安排位置了！那就是美工設計師的美觀任務！

5、【坤卦，2010 年】幸運名片的吉利方位

【橫式名片】

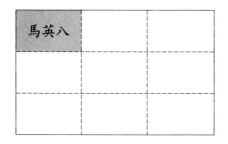

【直式名片】

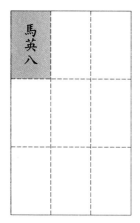

　　底色區域爲吉利方位，只要把姓名安排在此即可，這就是命理師的幸運任務；至於公司商標、名稱、地址、電話號碼……等內容，就可以自由安排位置了！那就是美工設計師的美觀任務！

6、【坤卦，2011 年】幸運名片的吉利方位

【橫式名片】

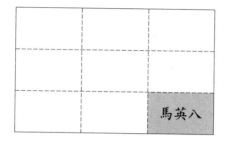

【直式名片】

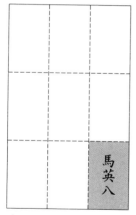

　　底色區域為吉利方位，只要把姓名安排在此即可，這就是命理師的幸運任務；至於公司商標、名稱、地址、電話號碼……等內容，就可以自由安排位置了！那就是美工設計師的美觀任務！

7、【坤卦，2012 年】幸運名片的吉利方位

【橫式名片】

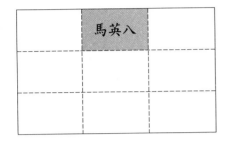

【直式名片】

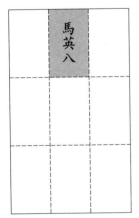

　　底色區域為吉利方位，只要把姓名安排在此即可，這就是命理師的幸運任務；至於公司商標、名稱、地址、電話號碼……等內容，就可以自由安排位置了！那就是美工設計師的美觀任務！

8、【坤卦，2013年】幸運名片的吉利方位

【橫式名片】

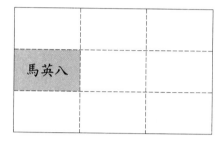

【直式名片】

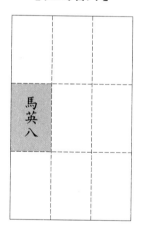

　　底色區域為吉利方位，只要把姓名安排在此即可，這就是命理師的幸運任務；至於公司商標、名稱、地址、電話號碼……等內容，就可以自由安排位置了！那就是美工設計師的美觀任務！

2 幸運名片的設計實例

3

「幸運卡片」的設計實例

本書第二章閱述了「幸運名片」的設計實例。其實，可以舉一反三應用於各種卡片。因此，本章節也列舉了大頭貼、模特兒卡、生日卡、聖誕卡的設計實例，但是為了節省篇幅，只能舉出「乾卦」者為例，至於其他七卦，讀者應該可以「順理成章」推演成功！

一、大頭貼的樹上開花

【概論】

　　根據一個人的出生年、月、日，即可推算出他的基本命卦（見本書第 26 頁），眾生凡人雖有成千上萬數十億，但可總括分為 64 類，這就是易經 64 卦的人生！譬如我是乾卦人生，你是姤卦人生，而他卻是離卦人生，每一個卦理人生固然有其基本的吉利方位，但隨著流年時勢的推移，每一年的吉利方位也跟著有所位移，這就是流年吉方，本章節就是在探討幸運大頭貼的流年吉方，一個人的姓名、生辰固然一生不變，但每年的吉利方位卻可能改變，因此，一個人大頭貼的吉利方位是每年不同的！

　　眾生凡人雖然分為64類的64卦人生，但在幸運大頭貼的實際製作時，可進一步濃縮為八大類，這就是易經八卦的乾(1)、兌(2)、離(3)、震(4)、巽(5)、坎(6)、艮(7)、坤(8)，本章節本來打算明確圖示這八大類幸運大頭貼的流年吉方！但因顧及篇幅有限，只能針對「乾卦」而已，其餘七卦可參考本書第二章。

「乾卦」幸運大頭貼的流年吉方

　　A.根據一個人的出生年月日，即可推算出「基本命卦」（詳見本書26頁），倘若基本命卦爲乾卦時，其幸運名片的流年吉方如下所述：

　　B.一旦推算出「基本命卦」爲乾卦之後，就可根據「流年吉方的易經爻變」的流年變化（詳見本書第38頁），而清楚得知其流年吉方，爲了讓讀者免於翻閱之不便，茲將乾卦的流年吉方摘錄如下：

乾卦　流年吉方

2006年	2007年	2008年	2009年	2010年	2011年	2012年	2013年
艮宮	離宮	乾宮	兌宮	震宮	坤宮	坎宮	巽宮

　　C.有了以上A和B的推算結果，就可根據「易經八宮方位」（見本書37頁），明確指出乾卦者幸運大頭貼的流年吉利方位，茲列舉圖表如下：

1、【乾卦，2006年】幸運大頭貼的吉利方位

　　底色區域（包括深底色和淺底色）為吉利方位，只要把大頭貼（頭、臉）安排在此即可，這就是命理師的幸運任務；至於其他背景、人物……等內容，就可以自由安排位置了！那就是美工設計師的美術任務！

2、【乾卦，2007 年】幸運大頭貼的吉利方位

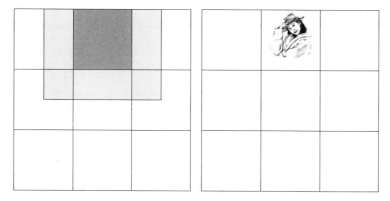

　　底色區域（包括深底色和淺底色）爲吉利方位，只要把大頭貼（頭、臉）安排在此即可，這就是命理師的幸運任務；至於其他背景、人物……等內容，就可以自由安排位置了！那就是美工設計師的美術任務！

3、【乾卦，2008 年】幸運大頭貼的吉利方位

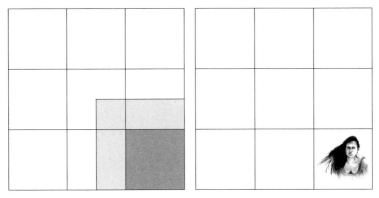

底色區域（包括深底色和淺底色）為吉利方位，只要把大頭貼（頭、臉）安排在此即可，這就是命理師的幸運任務；至於其他背景、人物【等內容，就可以自由安排位置了！那就是美工設計師的美術任務！

4、【乾卦，2009 年】幸運大頭貼的吉利方位

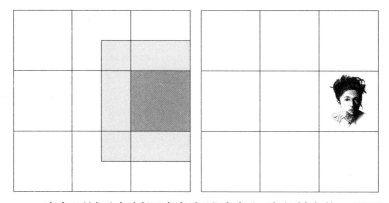

　　底色區域（包括深底色和淺底色）為吉利方位，只要把大頭貼（頭、臉）安排在此即可，這就是命理師的幸運任務；至於其他背景、人物……等內容，就可以自由安排位置了！那就是美工設計師的美術任務！

5、【乾卦，2010 年】幸運大頭貼的吉利方位

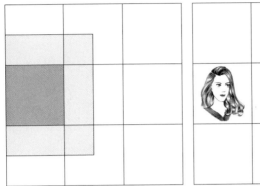

　　底色區域（包括深底色和淺底色）為吉利方位，只要把大頭貼（頭、臉）安排在此即可，這就是命理師的幸運任務；至於其他背景、人物……等內容，就可以自由安排位置了！那就是美工設計師的美術任務！

6、【乾卦，2011 年】幸運大頭貼的吉利方位

　　底色區域（包括深底色和淺底色）為吉利方位，只要把大頭貼（頭、臉）安排在此即可，這就是命理師的幸運任務；至於其他背景、人物……等內容，就可以自由安排位置了！那就是美工設計師的美術任務！

7、【乾卦，2012 年】幸運大頭貼的吉利方位

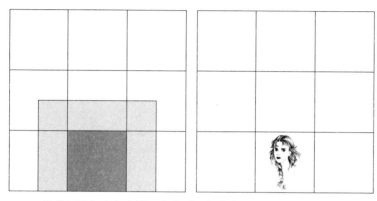

　　底色區域（包括深底色和淺底色）為吉利方位，只要把大頭貼（頭、臉）安排在此即可，這就是命理師的幸運任務；至於其他背景、人物……等內容，就可以自由安排位置了！那就是美工設計師的美術任務！

8、【乾卦，2013 年】幸運大頭貼的吉利方位

　　底色區域（包括深底色和淺底色）為吉利方位，只要把大頭貼（頭、臉）安排在此即可，這就是命理師的幸運任務；至於其他背景、人物……等內容，就可以自由安排位置了！那就是美工設計師的美術任務！

二、模特兒卡的星光大道

【概論】

根據一個人的出生年、月、日，即可推算出他的基本命卦（見本書第26頁），眾生凡人雖有成千上萬數十億，但可總括分為64類，這就是易經64卦的人生！譬如我是乾卦人生，你是姤卦人生，而他卻是離卦人生，每一個卦理人生固然有其基本的吉利方位，但隨著流年時勢的推移，每一年的吉利方位也跟著有所位移，這就是流年吉方，本章節就是在探討幸運模特兒卡的流年吉方，一個人的姓名、生辰固然一生不變，但每年的吉利方位卻可能改變，因此，一個人模特兒卡的吉利方位是每年不同的！

眾生凡人雖然分為64類的64卦人生，但在幸運模特兒卡的實際製作時，可進一步濃縮為八大類，這就是易經八卦的乾⑴、兌⑵、離⑶、震⑷、巽⑸、坎⑹、艮⑺、坤⑻，本章節本來打算明確圖示這八大類幸運模特兒卡的流年吉方！但因顧及篇幅有限，只能針對「乾卦」而已，其餘七卦可參考本書第二章。

「乾卦」幸運模特卡的流年吉方

A.根據一個人的出生年月日，即可推算出「基本命卦」（詳見本書26頁），倘若基本命卦爲乾卦時，其幸運模特卡的流年吉方如下所述：

B.一旦推算出「基本命卦」爲乾卦之後，就可根據「流年吉方的易經爻變」的流年變化（詳見本書第38頁），而清楚得知其流年吉方，爲了讓讀者免於翻閱之不便，茲將乾卦的流年吉方摘錄如下：

乾卦 流年吉方

2006年	2007年	2008年	2009年	2010年	2011年	2012年	2013年
艮宮	離宮	乾宮	兌宮	震宮	坤宮	坎宮	巽宮

C.有了以上A和B的推算結果，就可根據「易經八宮方位」（見本書37頁），明確指出乾卦者幸運模特兒卡的流年吉利方位，茲列舉圖表如下：

1、【乾卦，2006 年】幸運模特兒卡的吉利方位

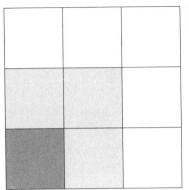 

底色區域（包括深底色和淺底色）為吉利方位，只要把模特兒安排在此即可，這就是命理師的幸運任務；至於其他背景、文字……等內容，就可以自由安排位置了！那就是美工設計師的美術任務！

2、【乾卦，2007 年】幸運模特兒卡的吉利方位

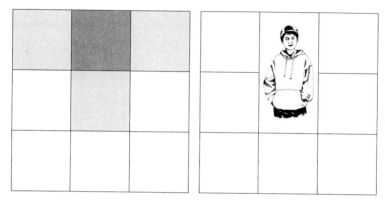

　　底色區域（包括深底色和淺底色）為吉利方位，只要把模特兒安排在此即可，這就是命理師的幸運任務；至於其他背景、文字……等內容，就可以自由安排位置了！那就是美工設計師的美術任務！

3、【乾卦，2008 年】幸運模特兒卡的吉利方位

底色區域（包括深底色和淺底色）為吉利方位，只要把模特兒安排在此即可，這就是命理師的幸運任務；至於其他背景、文字……等內容，就可以自由安排位置了！那就是美工設計師的美術任務！

4、【乾卦，2009 年】幸運模特兒卡的吉利方位

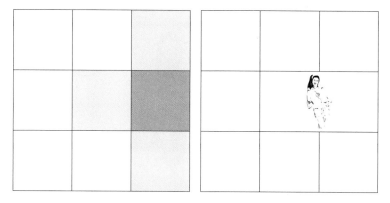

　　底色區域（包括深底色和淺底色）為吉利方位，只要把模特兒安排在此即可，這就是命理師的幸運任務；至於其他背景、文字……等內容，就可以自由安排位置了！那就是美工設計師的美術任務！

5、【乾卦，2010 年】幸運模特兒卡的吉利方位

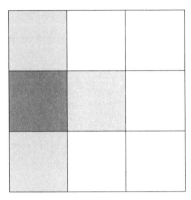 

　　底色區域（包括深底色和淺底色）為吉利方位，只要把模特兒安排在此即可，這就是命理師的幸運任務；至於其他背景、文字……等內容，就可以自由安排位置了！那就是美工設計師的美術任務！

6、【乾卦，2011 年】幸運模特兒卡的吉利方位

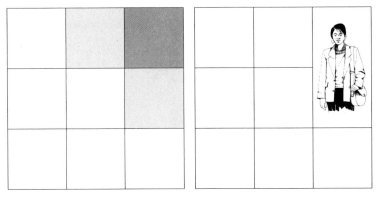

　　底色區域（包括深底色和淺底色）為吉利方位，只要把模特兒安排在此即可，這就是命理師的幸運任務；至於其他背景、文字……等內容，就可以自由安排位置了！那就是美工設計師的美術任務！

7、【乾卦，2012 年】幸運模特兒卡的吉利方位

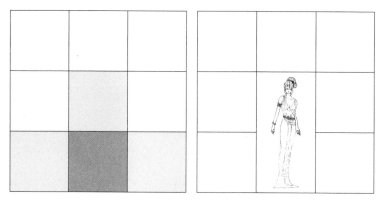

　　底色區域（包括深底色和淺底色）為吉利方位，只要把模特兒安排在此即可，這就是命理師的幸運任務；至於其他背景、文字……等內容，就可以自由安排位置了！那就是美工設計師的美術任務！

8、【乾卦，2013 年】幸運模特兒卡的吉利方位

　　底色區域（包括深底色和淺底色）為吉利方位，只要把模特兒安排在此即可，這就是命理師的幸運任務；至於其他背景、文字……等內容，就可以自由安排位置了！那就是美工設計師的美術任務！

三、生日卡的新生喜悅

【概論】

　　根據一個人的出生年、月、日，即可推算出他的基本命卦（見本書第26頁），眾生凡人雖有成千上萬數十億，但可總括分為64類，這就是易經64卦的人生！譬如我是乾卦人生，你是姤卦人生，而他卻是離卦人生，每一個卦理人生固然有其基本的吉利方位，但隨著流年時勢的推移，每一年的吉利方位也跟著有所位移，這就是流年吉方，本章節就是在探討幸運生日卡的流年吉方，一個人的姓名、生辰固然一生不變，但每年的吉利方位卻可能改變，因此，一個人生日卡的吉利方位是每年不同的！

　　眾生凡人雖然分為64類的64卦人生，但在幸運生日卡的實際製作時，可進一步濃縮為八大類，這就是易經八卦的乾(1)、兌(2)、離(3)、震(4)、巽(5)、坎(6)、艮(7)、坤(8)，本章節本來打算明確圖示這八大類幸運生日卡的流年吉方！但因顧及篇幅有限，只能針對「乾卦」而已，其餘七卦可參考本書第二章。

「乾卦】幸運生日卡的流年吉方

　　A.根據一個人的出生年、月、日，即可推算出「基本命卦」（詳見本書26頁），倘若基本命卦爲乾卦時，其幸運生日卡的流年吉方如下所述：

　　B.一旦推算出「基本命卦」爲乾卦之後，就可根據「流年吉方的易經爻變」的流年變化（詳見本書第38頁），而清楚得知其流年吉方，爲了讓讀者免於翻閱之不便，茲將乾卦的流年吉方摘錄如下：

乾卦　流年吉方

2006年	2007年	2008年	2009年	2010年	2011年	2012年	2013年
艮宮	離宮	乾宮	兌宮	震宮	坤宮	坎宮	巽宮

　　C.有了以上A和B的推算結果，就可根據「易經八宮方位」（見本書37頁），明確指出乾卦者幸運生日卡的流年吉利方位，茲列舉圖表如下：

1、【乾卦，2006 年】幸運生日卡的吉利方位

　　底色區域為吉利方位，只要把姓名安排在此即可，這就是命理師的開運任務；至於背景、文字……等內容，就可以自由安排位置了！那就是美工設計師的美術任務！

2、【乾卦，2007 年】幸運生日卡的吉利方位

底色區域為吉利方位，只要把姓名安排在此即可，這就是命理師的開運任務；至於背景、文字……等內容，就可以自由安排位置了！那就是美工設計師的美術任務！

3、【乾卦，2008 年】幸運生日卡的吉利方位

底色區域為吉利方位，只要把姓名安排在此即可，這就是命理師的開運任務；至於背景、文字……等內容，就可以自由安排位置了！那就是美工設計師的美術任務！

4、【乾卦，2009 年】幸運生日卡的吉利方位

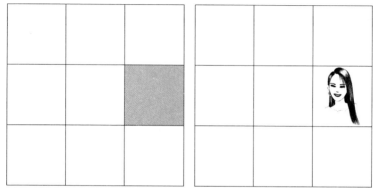

　　底色區域為吉利方位，只要把姓名安排在此即可，這就是命理師的開運任務；至於背景、文字⋯⋯等內容，就可以自由安排位置了！那就是美工設計師的美術任務！

5、【乾卦，2010 年】幸運生日卡的吉利方位

　　底色區域為吉利方位，只要把姓名安排在此即可，這就是命理師的開運任務；至於背景、文字……等內容，就可以自由安排位置了！那就是美工設計師的美術任務！

6、【乾卦，2011 年】幸運生日卡的吉利方位

　　底色區域為吉利方位，只要把姓名安排在此即可，這就是命理師的開運任務；至於背景、文字……等內容，就可以自由安排位置了！那就是美工設計師的美術任務！

7、【乾卦，2012 年】幸運生日卡的吉利方位

　　底色區域爲吉利方位，只要把姓名安排在此即可，這就是命理師的開運任務；至於背景、文字……等內容，就可以自由安排位置了！那就是美工設計師的美術任務！

8、【乾卦，2013 年】幸運生日卡的吉利方位

　　底色區域爲吉利方位，只要把姓名安排在此即可，這就是命理師的開運任務；至於背景、文字……等內容，就可以自由安排位置了！那就是美工設計師的美術任務！

四、聖誕卡的濃情蜜意

【概論】

　　根據一個人的出生年、月、日，即可推算出他的基本命卦（見本書第26頁），衆生凡人雖有成千上萬數十億，但可總括分爲64類，這就是易經64卦的人生！譬如我是乾卦人生，你是姤卦人生，而他卻是離卦人生，每一個卦理人生固然有其基本的吉利方位，但隨著流年時勢的推移，每一年的吉利方位也跟著有所位移，這就是流年吉方，本章節就是在探討幸運聖誕卡的流年吉方，一個人的姓名、生辰固然一生不變，但每年的吉利方位卻可能改變，因此，一個人聖誕卡的吉利方位是每年不同的！

　　衆生凡人雖然分爲64類的64卦人生，但在幸運聖誕卡的實際製作時，可進一步濃縮爲八大類，這就是易經八卦的乾(1)、兌(2)、離(3)、震(4)、巽(5)、坎(6)、艮(7)、坤(8)，本章節本來打算明確圖示這八大類幸運聖誕片的流年吉方！但因顧及篇幅有限，只能針對「乾卦」而已，其餘七卦可參考本書第二章。

「乾卦」幸運聖誕卡的流年吉方

A.根據一個人的出生年、月、日，即可推算出「基本命卦」（詳見本書26頁），倘若基本命卦爲乾卦時，其幸運聖誕卡的流年吉方如下所述：

B.一旦推算出「基本命卦」爲乾卦之後，就可根據「流年吉方的易經爻變」的流年變化（詳見本書第38頁），而清楚得知其流年吉方，爲了讓讀者免於翻閱之不便，茲將乾卦的流年吉方摘錄如下：

乾卦 流年吉方

2006年	2007年	2008年	2009年	2010年	2011年	2012年	2013年
艮宮	離宮	乾宮	兌宮	震宮	坤宮	坎宮	巽宮

C.有了以上A和B的推算結果，就可根據「易經八宮方位」（見本書37頁），明確指出乾卦者幸運聖誕卡的流年吉利方位，茲列舉圖表如下：

1、【乾卦，2006 年】幸運聖誕卡的吉利方位

　　底色區域為吉利方位，只要把耶誕節特色人、事、物安排在此即可，這就是命理師的開運任務；至於其他背景、文字……等內容，就可以自由安排位置了！那就是美工設計師的美術任務！

2、【乾卦，2007 年】幸運聖誕卡的吉利方位

　　底色區域為吉利方位，只要把耶誕節特色人、事、物安排在此即可，這就是命理師的開運任務；至於其他背景、文字……等內容，就可以自由安排位置了！那就是美工設計師的美術任務！

3、【乾卦，2008 年】幸運聖誕卡的吉利方位

　　底底色區域爲吉利方位，只要把耶誕節特色人、事、物安排在此即可，這就是命理師的開運任務；至於其他背景、文字⋯⋯等內容，就可以自由安排位置了！那就是美工設計師的美術任務！

4、【乾卦，2009 年】幸運聖誕卡的吉利方位

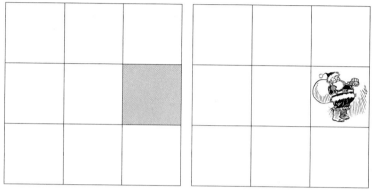

　　底色區域為吉利方位，只要把耶誕節特色人、事、物安排在此即可，這就是命理師的開運任務；至於其他背景、文字……等內容，就可以自由安排位置了！那就是美工設計師的美術任務！

5、【乾卦，2010 年】幸運聖誕卡的吉利方位

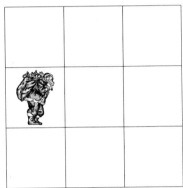

　　底色區域為吉利方位，只要把耶誕節特色人、事、物安排在此即可，這就是命理師的開運任務；至於其他背景、文字……等內容，就可以自由安排位置了！那就是美工設計師的美術任務！

6、【乾卦，2011 年】幸運聖誕卡的吉利方位

底色區域為吉利方位，只要把耶誕節特色人、事、物安排在此即可，這就是命理師的開運任務；至於其他背景、文字……等內容，就可以自由安排位置了！那就是美工設計師的美術任務！

7、【乾卦，2012 年】幸運聖誕卡的吉利方位

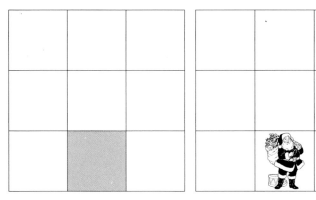

　　底色區域為吉利方位，只要把耶誕節特色人、事、物安排在此即可，這就是命理師的開運任務；至於其他背景、文字……等內容，就可以自由安排位置了！那就是美工設計師的美術任務！

8、【乾卦，2013 年】幸運聖誕卡的吉利方位

　　底色區域為吉利方位，只要把耶誕節特色人、事、物安排在此即可，這就是命理師的開運任務；至於其他背景、文字⋯⋯等內容，就可以自由安排位置了！那就是美工設計師的美術任務！

3 「幸運卡片」的設計實例

4

「名片、卡片」的開光加持

一旦把名片、大頭貼、模特兒卡、生日卡、聖誕卡製作完成了，就要進行開光儀式，可請大師開光，也可「無師自通」自己來，雖然大師開光最靈驗，但是費用高昂，並且不知何處找大師，因此，還是自己學學功夫自己來開光，自己開光的好處為：10 價格便宜。2.隨時隨地都可開光。

找大師開光費用昂貴，自己學會開光還有下列好處：

1、價格便宜，不必花錢請大師，神秘玄學並不像一般貨品的「一分錢，一分貨」，並非花錢就靈。只要心誠則靈，只要巧逢緣份就靈通，絕非「金錢能使鬼神都推磨」。因此，只要自己學會開光儀式，就不一定花大錢請大師！

2、隨時隨地，只要隨緣，就可開光。開光並非一勞永逸，即使開了光，也會隨著時間而漸失，也會隨著環境的惡劣（例如惡魔纏身）而蒙塵遮光輝，因此，並非花大錢請大師開了光，就能永遠光明保佑你，也要自行開光補氣，每逢月光時辰，就是開光補氣的最好時光，一旦學會開光儀式，只要隨緣、隨意，隨時隨地都可開光！

雖說自己開光有諸多好處，但要如何學習自我開光呢？本章節就是要教你如何自行開光。首先你要擁有一張開光符咒卡（如本章節第一～八節所述），在研讀第一～八節時，如果先瞭解開光符咒卡的幸運顏色和方位，就更能融會貫通！茲列表如下：

開光符咒卡的幸運顏色和方位

卦名	乾	兌	離	震	巽	坎	艮	坤
方位	西北	西	南	東	東南	北	東北	西南
顏色	藍	橙	紅	銀	白	綠	青	黃

一、【乾卦】的開光符咒卡

正面	背面
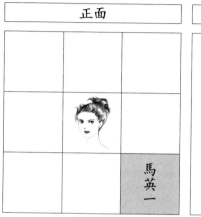	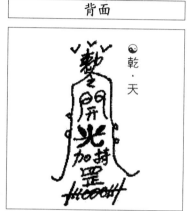

★底色區域為乾卦者的吉利方位，只要把姓名安排在此即可。

★卡片的正中央方塊為開光卡的共同吉利方位，亦即「中宮」方位，只要將自己照片安排在此即可。

★整張開光卡的底色（或主色）為藍色色系。

二、【兌卦】的開光符咒卡

正面	背面
	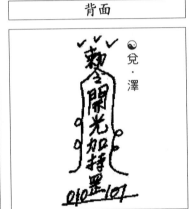

★底色區域爲兌卦者的吉利方位，只要把姓名安排在此即可。

★卡片的正中央方塊爲開光卡的共同吉利方位，亦即「中宮」方位，只要將自己照片安排在此即可。

★整張開光卡的底色（或主色）爲橙色色系。

三、【離卦】的開光符咒卡

正面	背面

★底色區域爲離卦者的吉利方位，只要把姓名安排在此即可。

★卡片的正中央方塊爲開光卡的共同吉利方位，亦即「中宮」方位，只要將自己照片安排在此即可。

★整張開光卡的底色（或主色）爲紅色色系。

四、【震卦】的開光符咒卡

正面	背面

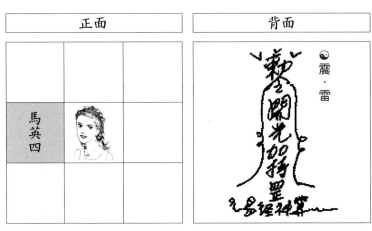

★底色區域為震卦者的吉利方位，只要把姓名安排在此即可。

★卡片的正中央方塊為開光卡的共同吉利方位，亦即「中宮」方位，只要將自己照片安排在此即可。

★整張開光卡的底色（或主色）為銀色色系。

五、【巽卦】的開光符咒卡

正面	背面

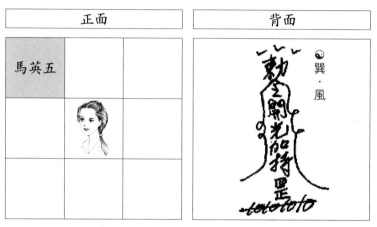

馬英五		

★底色區域爲巽卦者的吉利方位，只要把姓名安排在此即可。

★卡片的正中央方塊爲開光卡的共同吉利方位，亦即「中宮」方位，只要將自己照片安排在此即可。

★整張開光卡的底色（或主色）爲白色色系。

六、【坎卦】的開光符咒卡

正面	背面

★底色區域為坎卦者的吉利方位，只要把姓名安排在此即可。

★卡片的正中央方塊為開光卡的共同吉利方位，亦即「中宮」方位，只要將自己照片安排在此即可。

★整張開光卡的底色（或主色）為綠色色系。

七、【艮卦】的開光符咒卡

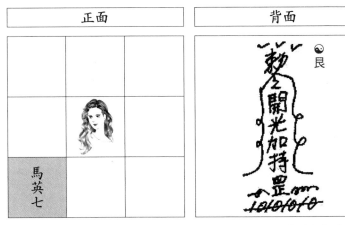

正面	背面

★底色區域為艮卦者的吉利方位，只要把姓名安排在此即可。

★卡片的正中央方塊為開光卡的共同吉利方位，亦即「中宮」方位，只要將自己照片安排在此即可。

★整張開光卡的底色（或主色）為青色色系。

八、【坤卦】的開光符咒卡

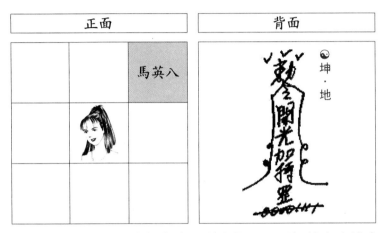

正面		
		馬英八

背面　坤‧地

★底色區域爲坤卦者的吉利方位，只要把姓名安排在此即可。

★卡片的正中央方塊爲開光卡的共同吉利方位，亦即「中宮」方位，只要將自己照片安排在此即可。

★整張開光卡的底色（或主色）爲黃色色系。

九、開光加持的儀式和方法

　　製作完成「幸運名片」和「開光符咒卡」之後，就可自行開光了！自行開光雖然不如大師開光的神奇靈驗，但是已經可以用於保佑平安不招災，足以應驗「逢凶化吉」保平安！

　　★「幸運名片」和「開光符咒卡」背對背重疊在一起，「幸運名片」正面朝上，「開光符咒卡」正面朝下，兩手緊握「名片、符咒卡」於額頭（名片正面要貼靠在額頭），默然三分鐘，自然靈驗開光得神助。

　　★每逢月光倍靈驗，最好每逢農曆15就開光一次，益發光彩顯靈！

「附錄」

名片鑑定快易通

　　生意既要合作互利，也要競爭較量，因此，可以藉由對方名片來揭開對方的性格、意圖和緣份，因而，「附錄篇」舉出了兩種簡易可行的鑑定方法，讓你快速成為知己知彼百戰百勝的商場常勝軍，至於其他更詳細精準的名片命理，你就要花點時間去細心研讀本書各章節。

1.如何由「名片」揭開對方的性格面紗

　　根據本書第二章所述，名片可分為八宮一元，八宮就是八個方位，分別為八個卦名；一元就是中間方位，以「坤」為卦名，茲圖示如下：

巽5	離3	坤8
震4	坤8	兌2
艮7	坎6	乾1

　　你只要觀察對方姓氏安排在那一宮（元），就可斷定他的性格傾向。

　　例如姓氏位於【乾宮】，則其個性素質為「剛」，有如「天」；

　　例如姓氏位於【兌宮】，則其個性素質為「悅」，有如「澤」；

　　例如姓氏位於【離宮】，則其個性素質為「烈」，有如「火」；

　　例如姓氏位於【震宮】，則其個性素質為「閃」，有如「雷」；

　　例如姓氏位於【巽宮】，則其個性素質為「飄」，有如「風」；

　　例如姓氏位於【坎宮】，則其個性素質為「流」，有如「水」；

　　例如姓氏位於【艮宮】，則其個性素質為「靜」，有如「山」；

　　例如姓氏位於【坤宮】，則其個性素質為「柔」，有

如「地」。

2.由「你和對方」兩人的名片，斷定你們相配或相沖

將你姓氏「所在宮位」為上卦，而對方姓氏「所在宮位」為下卦，上下兩卦合為全卦，再根據下列表格，就可斷定你們二人的合作（合夥合股）關係是否相匹配。

下卦＼上卦	乾1	兌2	離3	震4	巽5	坎6	艮7	坤8
乾1	11吉	21平	31吉	41平	51平	61平	71吉	81吉
兌2	12吉	22吉	32凶	42凶	52平	62平	72凶	82平
離3	13吉	23吉	33吉	43吉	53吉	63吉	73吉	83凶
震4	14凶	24吉	34平	44平	54吉	64平	74吉	84吉
巽5	15平	25凶	35吉	45吉	55平	65平	75凶	85吉
坎6	16凶	26凶	36凶	46吉	56平	66凶	76平	86平
艮7	17凶	27吉	37凶	47平	57吉	67凶	77平	87吉
坤8	18凶	28吉	38吉	48吉	58平	68吉	78凶	88吉

　　例如你的姓氏在「乾1宮位」，而對方姓氏在「兌2宮位」，那麼，以乾(1)為上卦，以兌(2)為下卦，就構成「12卦」，再對照上面表格，就可斷定你們有很好的合作（合夥、合股）因緣（吉），彼此互相坦誠合作必有所成。

　　例如你的姓氏在「坤8宮位」，而對方姓氏在「離3宮位」，那麼，以坤(8)為上卦，以離(3)為下卦，就構成「83卦」，再對照上面表格，就可斷定你們欠缺合作（合夥、合股）因緣（凶），彼此要加強溝通互相體諒，才能有所成。

國家圖書館出版品預行編目資料

命理老師教你自己動手做開運名片／謝國華著.
－－第一版－－臺北市：知青頻道出版；
紅螞蟻圖書發行，2012.2
面　　公分－－
ISBN 978-986-6030-20-8（平裝）

295.7　　　　　　　　　　　　101000848

命理老師教你自己動手做開運名片

作　　者／謝國華
美術構成／Chris' office
校　　對／周英嬌、楊安妮、謝國華
發 行 人／賴秀珍
榮譽總監／張錦基
總 編 輯／何南輝
出　　版／知青頻道出版有限公司
發　　行／紅螞蟻圖書有限公司
地　　址／台北市內湖區舊宗路二段121巷28號4F
網　　站／www.e-redant.com
郵撥帳號／1604621-1　紅螞蟻圖書有限公司
電　　話／(02)2795-3656（代表號）
傳　　真／(02)2795-4100
登 記 證／局版北市業字第796號
法律顧問／許晏賓律師
印 刷 廠／卡樂彩色製版印刷有限公司
出版日期／2012年 02 月　第一版第一刷

定價 250 元　　港幣 83 元

敬請尊重智慧財產權，未經本社同意，請勿翻印，轉載或部分節錄。
如有破損或裝訂錯誤，請寄回本社更換。

ISBN　978-986-6030-20-8　　　　　　Printed in Taiwan